登月軍師

馮·布朗

von Braun

憧憬太空、發展火箭是終身志業，

從發射衛星

到登月……

推手

陳劬芝，李建學 編著

二十世紀太空探索的先驅×人類登月計畫的總指揮

創造了二戰凶器「V-2飛彈」

打造第一艘載人登月飛船「阿波羅11號」

帶領美國成功發射第一顆衛星「探險者一號」

是最偉大的火箭科學家──馮·布朗

目錄

序

007　生卒與經歷

008　成就與貢獻

009　地位與影響

從小立志

012　有探險精神的孩子

016　建造學校天文臺

020　決心製造火箭的大學生

026　從失敗中吸取教訓

製造火箭

036　不穿軍裝的僱員

041　進駐佩內明德

045　為希特勒上課

055　闖過難關研製 V-2

目錄

066 被納粹逮捕

075 成果被用於戰爭

082 計劃向美國投降

096 美國的和平俘虜

融入美國

104 終於來到美國

111 美國開始了火箭研究工作

118 輝煌的太空憧憬

127 在亨茨維爾的新貢獻

132 研製「邱比特」導彈

140 火箭科學家的壓力

走向成熟

150 成功的探索者

156 進入國家航空暨太空總署

161 成功研製「土星號」

165　熱心青年科技教育

174　關注海洋世界的利用

182　從各種探索中尋找靈感

191　製造最大的運載火箭

199　實現登月夢想

英年早逝

220　出任助理局長

232　受聘私人公司

240　優秀的指揮

253　對外太空的猜想

258　最後的時光

附錄

262　經典故事

265　年譜

266　名言

目錄

序

生卒與經歷

華納‧馮‧布朗（Wernher Von Braun，1912～1977），德國火箭專家，現代航太發展的奠基人之一，被稱譽為「現代航天之父」。

1912 年 3 月 23 日，布朗出生於德國維爾西茨的一個貴族家庭。13 歲時，他在柏林豪華的使館區開始了他的第一次火箭實驗。1932 年春天，布朗從夏洛滕堡工學院畢業，獲得航空工程學士學位，接著他轉入柏林大學學習。在那裡他建立起了自己的實驗小組。

1934 年，這位 22 歲的學生科學家以物理學博士學位畢業。

畢業後，布朗以其對獨創性工程的巨大熱情，領導他的技術團隊，最終成功研製使用液體推進劑的 V-2 型火箭。V-2 型火箭誕生的意義可以與航空領域內萊特兄弟（Wright Brothers）發明的飛機相提並論。

1944 年 3 月，布朗被蓋世太保抓進了監獄，記錄在案的逮捕原因是：他和他的同事們一起聲明，他們從來沒有打算把火箭發展成為戰爭武器，最終由於朋友們的多方營救和叛國罪名理由不充足，布朗被釋放了。

序

　　第二次世界大戰中他設法與美國人取得聯絡，帶領數百名德國火箭研究人員向美軍投降。他認為，把「我們的『嬰兒』交給妥當的人，這是我們對人類應盡的責任」。

　　1958 年 1 月 31 日，布朗領導研製的火箭將美國第一顆衛星「探險者 1 號」送入預定軌道。美國建立國家航空暨太空總署後，布朗成為該局亨茨維爾中心的主任。

　　1969 年 7 月 16 日，當由馬歇爾中心研發的「土星 5 號」運載火箭攜帶「阿波羅 11 號」開始了歷史性的 8 天太空任務時，布朗將人類送上月球的夢想也終於實現。

　　1970 年代初，布朗開始著手太空飛機的研製工作。1977 年 6 月 16 日，布朗因患腸癌在美國華盛頓逝世，享壽 65 歲。

成就與貢獻

　　布朗在火箭技術和太空探測等方面都有光輝的成就。他先後為著名的 V-2 型火箭的誕生、美國第一顆衛星的發射成功，以及第一艘載人登月飛船「阿波羅 11 號」登上月球作出貢獻，而美國太空飛機的研製也是源自於他的發想。

　　他最大成就是在擔任馬歇爾太空飛行中心總指揮時，主導「土星 5 號」的研發，成功在 1969 年 7 月首次達成人類登陸月球的壯舉。

　　1977 年，布朗獲美國國家科學獎。

地位與影響

他的博士學位論文論述了液體推進劑火箭引擎理論，對至在大約 30 年後，德國宇宙飛行協會還將該文作為其正式期刊的特刊重新出版。

美國國家航空暨太空總署（NASA）用以下的話來形容布朗：「毋庸置疑的，他是史上最偉大的火箭科學家。」

阿波羅計畫的總指揮塞繆爾·菲利普斯（Samuel C. Phillips）斯認為，若無布朗，美國的登月計劃絕不可能在如此之短的時間裡取得巨大成就。

1981 年 4 月首次試飛成功的太空飛機，當初也是在布朗的創意下研製成功，因此他被譽為「現代航天之父」。

國際天文學聯合會將月球上的一座環形山以其名字命名。

序

從小立志

我成了業餘天文愛好者，從而對宇宙產生了興趣，
並對有朝一日能把人送上月球的飛行器產生了好奇
心。

——馮·布朗

有探險精神的孩子

1912 年 3 月 23 日，華納‧馮‧布朗出生於德國東普魯士波森省維爾西茨的一個貴族家庭。布朗出生時，家裡還有一個大他一歲的哥哥。

他的父親馬格努斯‧馮‧布朗男爵是省議會議員，以善於解決問題和判斷準確而聞名。他的母親埃米‧馮‧布朗男爵夫人是一個出色的業餘天文愛好者。她出身於貴族世家，兼有瑞典和德國血統，有很好的修養和學識，酷愛文學和音樂，能熟練用 6 種語言交談。

夫婦兩人的家族均可追溯至中世紀時期的皇室。

布朗受母親影響很深，在他小時候，酷愛音樂和文學的母親循循善誘，引起他求知的慾望。布朗 6 歲在路德派教堂行堅信禮後，母親沒有按常規送他金錶，而是給他一架望遠鏡。

臨睡之前，布朗常用他的小望遠鏡對著星星看一兩個小時。「於是，我也成了一個業餘天文愛好者，從那時起開始對宇宙產生了興趣。」布朗說，「那些星星上會有生物嗎？人能不能去月亮上面去啊？」他經常這麼想。

布朗剛出生時，執行對外擴張政策的德國與英、法等國之間摩擦不斷，1914 年 8 月終於爆發了兩大陣營間第一次世界大戰。

在經過了 4 年又 3 個月的戰爭後，作為戰敗國德國被迫簽訂了《凡爾賽條約》，不僅要賠付 50 億美元的戰爭賠款，還要割讓約 10%的領土以及所有的海外殖民地。

由於第一次世界大戰中德國本土並未受到戰火的波及，元氣並未受到過大的傷害。

此時，德國國內各派政治勢力、各種政治派系你爭我奪，在 1919 年 1 月建立了不甚穩定的民主政府，即威瑪共和國。20 年代初，他父親進入內閣，並擔任政府農業和教育部長，布朗全家也搬到了柏林。

戰後的德國經濟非常脆弱，新政府面臨著嚴重的經濟危機和驚人的通貨膨脹，但比起普通家庭，布朗家族要幸運得多，他們仍然過著不錯的生活。

小布朗對那個時代的政府更迭以及社會的變革並未引起多大的興趣，也並不關心工人階級和他們的日常生活。

1920 年代初科技快速發展，已經出現了雙引擎飛機，汽車也已經成了生產線上的產品……此時的德國柏林，匯聚了大批著名的科學家，例如相對論的創立者、現代物理學奠基人、1921 年獲諾貝爾物理學獎的愛因斯坦等。尤其是物理學和化學方面，幾乎每個月都有令人振奮的突破出現。

當時，柏林有兩個膽量過人的發明家，他們多次進行火箭試驗，並把火箭綁到競賽用汽車，甚至火車上，創造了一

個又一個驚人的速度紀錄，**轟**動了整個德國，他們也成了全國的英雄。

在此之前，俄、美、法等國的科學家也在發展火箭的研究工作。與此同時，大量的有關太空和火箭的論文及科普作品，包括這一題材的科幻小說同時湧現出來。如法國人朱爾·凡爾納的《從地球到月球》、德國科學家庫爾德·拉斯維茨的科幻小說《兩個行星上》等，不光是一種遐想，也非常具有科學研究性。他們的作品與當時的科學探索緊密結合，既受到不斷出現的新技術、新發現影響，又影響了航太的發展，後來的許多火箭專家和航天先驅者都受到了這些作品的啟發和激勵。

這些成就引起了布朗的極大興趣，他經常購買和閱讀這類書籍，使他對太空充滿了無限的憧憬，並迫不及待想進行自己的火箭試驗了。

第一次火箭試驗是在柏林豪華的使館區一條街道上進行的。他從附近的一個煙火商那裡買來 6 支特大號的煙火，牢牢綁在自己的滑板車上。

隨著煙火被點燃，「火箭車」拖著彗星尾巴似的火焰躥了出去。「我欣喜若狂，」布朗回憶道，「車子完全失去控制，我萬萬沒有想到會有這麼大的威力。」街上的人嚇得大叫。

最後，煙火在巨響中燃燒乾淨，滑板車也停了下來。警察很快就把他抓住。幸好沒有人受傷，就把他釋放了，交給部長先生 —— 他的父親去管教。

父親的喝斥並沒有影響布朗對火箭的興趣，那個飛奔的火箭車反而引起了他更大的興趣。他在哥哥西吉斯蒙德的幫助下，發射了許多自制的煙火。

因為他幾乎是個外行，所以事故頻發：那些煙火有時會落到水果攤上，炸得果肉橫飛；有時又鑽進了麵包鋪，炸得麵包滿地亂滾……布朗因此會被父親關到屋子裡一兩天。

當時的布朗是一個非常具有探險精神的孩子。他發現生活中的許多東西都值得探究，但是這些在他的學校課程裡幾乎都沒有。

他的學校是法國人開的大學預科，傳統意識濃厚。200多年前，法國胡格諾新教徒受信奉天主教的國王的迫害逃亡到此地，普魯士的腓特烈大帝為他們的子弟創辦這所學校。

至 1925 年，該校還保持著老習慣，所以布朗不是把蓋烏斯‧尤利烏斯‧凱撒的《高盧戰記》譯成德語，而是譯成法文。他的外語，尤其是法語，還有很大進步，但他忽略了其他課程。

顯然，他不喜歡這種教育方法，所以產生了牴觸情緒，成績單上的分數也總是讓他的父母憂心忡忡，他的物理課成

績很差，數學也沒好多少。

　　布朗成績不好，但卻有很強的實際操作能力，經常做一些讓老師看來是不務正業的東西。布朗有同齡孩子想都不敢想的主意，他下定決心要做一種比自行車更好的交通工具。

　　他在一個從密西根州來的同學比奇·康格的幫助下，開始在父親的汽車庫裡自己動手造汽車。東拼西湊的零件和工具在兩個孩子手裡最終沒能變出來一輛汽車，但這次失敗並沒打消他的熱情。

　　因為造汽車花費了大量的時間和精力，所以自然地耽誤了複習功課，布朗不但數學不及格，物理也不及格。感到臉上無光的馬格努斯·馮·布朗認為自己再也沒有辦法教育這個孩子了，於是考慮要透過別的管道加強對布朗的管教，就把他轉到了威瑪附近的埃特斯堡寄宿學校。

建造學校天文臺

　　埃特斯堡寄宿學校以先進的教學方法，以及師生之間保持著密切的私人關係而聞名。

　　那裡的校舍富麗堂皇，歌德寫《浮士德》和《伊菲格尼》等巨著的時候，曾經在這裡住過好幾個星期。

　　在這優美的環境和良好的學習氛圍中，布朗的成績開始有了進步，學校不僅在教育方式上別具一格，甚至在教育的

內容上也和許多學校不一樣。

這裡的學生在上午上完 6 小時課以後，下午的時間便被學校安排進行木工、農事方面的實踐學習，甚至還要求他們做一些對他們來說很辛苦的石工活動。

小布朗很喜歡這些活動，因為少了許多在家裡所受的約束，每當天氣晴朗的夜晚，他總是拿起小望遠鏡對著夜空的點點星光看上一兩個小時。

1925 年的一天，布朗無意中在天文學雜誌上看到了一本書的介紹，書名叫《飛向星際太空的火箭》，這本書是一位火箭專家赫爾曼·奧伯特寫的。曾經造過「火箭車」的布朗早就聽說過這本書，他恨不得立刻就讀到這夢寐以求的好書。於是，他馬上郵購了一本。

「那本珍貴的書一到，我馬上拿到自己的房間裡」他回憶道，「但是打開一看，我驚呆了，滿紙都是五花八門的數學公式，我只好跑去找數學老師，問他怎樣才能弄懂赫爾曼·奧伯特說的話，他給我的建議是好好學習數學和物理，可那是我最差的科目！」

布朗下定決心，全力攻讀這兩門他倍感頭痛的學科，努力的成果是他的成績逐漸提高。

1928 年，他又轉學到了北海施皮克羅格島上的赫爾曼·利茨學校。因為渴望弄懂奧伯特航天書裡的內容，布朗延續

了在上一個學校裡刻苦學習的精神，不久就成了班上功課最好的學生。

而在課外，那些涉及火箭和航天內容的科普讀物展示出的宇宙的誘人前景，更是不斷加深了布朗從小就有的天文學興趣，母親給他的小望遠鏡，已經不能滿足他日益開闊的視野了。

考慮再三，布朗決心在學校建一個設施完備的天文臺。

布朗找到了不苟言笑的老校長，大膽向他陳述了建天文臺的理由，校長首先驚訝於這個孩子的想法，其次對他的膽量和口才表示極大的讚許。

校長被成功說服了，學校購買了一架高級的折射望遠鏡，這件事展示了布朗為實現科學夢想不可思議的籌款能力。為了建造天文臺的外圍結構，他又在同學中組織起了一個石木工小組，他在這個過程中的組織才能也顯露了出來。

建好後的天文臺，得到了全校師生的稱讚，從此以後，學校有了一個學習天文學的基地，而布朗也承擔起義務講解員的工作，並組成了天文學小組，做一些簡單的天文研究工作。

因為當時社會上對火箭和宇宙的關注不斷升溫，所以不少學校的老師都帶領學生前來參觀，這讓利茨學校聲望大增。

學習和各方面能力都非常突出的布朗引起了學校董事會的關注，並得到一致認可，他們覺得應該給這個孩子一個機會。

有一天，校長對布朗說，如果他能通過今年的畢業考試，他可以比同班同學早一年畢業，布朗自信滿滿表示，非常樂意一試。

不久，他所在班級的數學老師病倒了，學校讓成績優異的布朗代課，他的責任是設法讓班上的每一個同學在考試中都能及格。

此後，他白天忙於代理數學老師教課，晚上進行自習輔導，還要利用難得的空隙時間加強自己的功課。小布朗似乎永遠都比別的孩子有更多的時間和更充沛的精力。

不久，一位對他們進行考核的教授從大陸來到施皮克羅格島。剛一到，這位嚴厲的教授就出了一連串難題，對學生們進行「狂轟濫炸」但是讓他頗感意外的是每個人都過了關。

布朗自己接受畢業考試時，所受到的「攻擊」更猛烈，但他都出色通過了考試。

提前畢業的布朗回到柏林，把製造火箭作為終身事業的他來到了夏洛滕堡工學院註冊，在他看來，這個理工科大學有他想要學習的知識。

決心製造火箭的大學生

順利進入夏洛滕堡工學院的布朗，一心想要快點學到與火箭有關的知識，於是早就做好了用全部的時間和精力努力學習的準備。一開學，他就一頭鑽到圖書館，像尋找寶貝似的，在茫茫書海精挑細選後，借了許多有關火箭和宇宙的書，並確定好了選修課。

然而，按照學校嚴格的校規和極其注重實踐的規定，他必須同時在博爾西希機器廠當學徒。

進廠頭一天，一個留著長鬍子，穿著老式工裝的工頭交給他一塊和小孩子的頭一樣大的鐵疙瘩。

「把它做成一個立方體，」那個工頭說，「每個角都磨成直角，每一面都要十分光滑，每條邊都要相等。」他交給布朗一把銼刀，並指著一把老虎鉗說：「這些就是你的工具。」

「我非常惱火，」布朗談起這次經歷時說道，「為什麼要浪費時間去銼一塊鐵呢？我要的是操作複雜機器的實踐經驗。」

幾天以後，布朗把做好的立方體交上去。那工頭驗看時，就和神父主持懺悔儀式時的表情一樣嚴肅，當他發現有幾個角似乎不太標準時就命令道，「繼續銼」。

「我只好再銼，心裡既煩躁又緊張。」

兩星期後，我第二次把銼好的鐵塊交上去，他量了一下

還是吩咐說：「繼續銼」。5個星期過去了，鐵塊一天天小下去，我的手指卻越來越粗糙，但我下決心一定磨出一個他挑不出任何毛病的立方體來。

最後，我把竭盡全力做出來的成品交給他，只比胡桃稍微大一點，他從沾滿灰塵的眼鏡上邊凝視著，仔細量了立方體的每一面。我的心怦怦跳，那麼多天辛苦換來的就是他說了一聲「好！」

在此之後，這位鉗工學徒又在一臺車床和一臺牛頭刨床後面消磨了好幾個星期的時光，接著他在鑄工工廠和鍛工工廠又做了3個月。學徒期滿後，他還在機車裝配工廠工作過。

布朗說：「在工廠當了6個月工人，對實際工程問題的理解比大學的任何一學期都要深刻。」

這時是1930年，報紙用相當大的篇幅介紹了羅伯特‧戈達德在美國發射高度10,000公尺以上的火箭的計劃，甚至還有從蘇聯傳來的有關火箭飛船的研究報告和資料。

全世界的從事火箭研製的人都自由交流，每一個人都以宇宙旅行作為最終目標。

而此時，德國在火箭研究方面也已經進入了理論與實踐相結合的全新實驗時代。

1928年，一位注重實際的德國人馬克斯‧法利爾出版了一本有關火箭推進潛力的通俗科學讀物《向太空挺進》。

1928 年至 1929 年冬，他用火藥火箭作為雪橇和汽車的動力，引起了公眾的興趣。

弗里茨‧馮‧奧佩爾造出了火箭車，1928 年 4 月 12 日車速達到每小時 100 公里。後來，一輛先進的奧佩爾車，裝備了 24 枚使用固體推進劑的助推火箭，時速達 190 公里至 230 公里。

這一年，施塔默爾用固體燃料火箭發動，駕著一架滑翔機飛了將近 1,000 公尺的距離，這是把火箭動力用於航空的一系列試驗的開端。

在 1929 年，不僅《飛向星際太空的火箭》的作者奧伯特本人已經開始實驗，而且其他人如法利爾、溫克勒爾和馮‧奧佩爾也跟隨其後，法利爾還設想並描繪了火箭飛機和宇宙飛船的模樣。

同一年，德國人約翰內斯‧溫克勒開始研究使用液體燃料火箭，並在波羅的海格賴夫斯瓦爾德島上幾次試圖發射小型液氧——甲烷火箭，但失敗了。事隔 10 年以後，這個小島便成了布朗早期試驗的場所。

以上這些成功或是失敗的發明和創造都時刻激勵著布朗，讓他常處在激動和躍躍欲試的狀態中。

就在這個時候，布朗透過朋友維利‧萊的幫助，幸運會見了奧伯特。維利‧萊也是一個火箭迷，他後來成了太空題

材的作家和火箭權威。

布朗對奧伯特說：「我還在學校學習，除了業餘時間和熱情以外一無所有，我能幫您做點什麼事嗎？」

教授說：「你馬上就來吧！」他當時正在布置以火箭為內容的展覽。

布朗利用業餘時間幫助他布置，和負責照顧展出，並回答問題，不時以肯定的語氣對參觀者表示一定會早日實現月球旅行，在奧伯特教授的眼中，布朗表現得似乎已是一位航太專家了。

此時的奧伯特正在著手證實他的論點，即火箭動力的最佳來源是液體而不是火藥。除布朗之外，他的助手還有魯道夫・內貝爾和克勞斯・里德爾，他們都是德國宇宙旅行協會的會員。

奧伯特一直用簡陋的設備在國立化工研究室裡，做一個鋼製的圓錐形火箭引擎的實驗。儘管實驗有時候很危險，但沉默寡言的奧伯特每天都監督著每個程式並樂此不疲。

奧伯特的奮鬥終於在 1930 年 7 月得到了回報。

他請來了國立化工研究室的一位里特爾博士，證明引擎在 90 秒鐘內產生出 7,000 克推力。在這一過程中，消耗汽油和液氧約 5,000 克。這是液體燃料火箭引擎以得到正式承認和經受過檢驗的內燃機組成員身分首次出現在德國。

就在這件令人興奮的事情發生不久以後，奧伯特由於經濟上的原因，被迫去羅馬尼亞教學。但是他的助手們對宇宙航行的熱情並沒有消減。三個人中內貝爾年紀最大，由他帶領大家繼續做下去。

1930 年夏末，由於寄人籬下的研究總是受到干擾，所以內貝爾物色一個永久性火箭基地，好讓年輕熱情的火箭工作者們能安心工作。

他在柏林市郊的賴尼肯多夫找到了一個廢棄不用的軍火庫，並說服市議會議員們答應他無限期免費租借這個地方。

軍火庫占地面積大約 1.2 平方公里，由於多年廢棄不用，雜草叢生、荊棘滿地的衰敗景象，在雜草叢中有各種結構的樓房、地堡和圓頂建築。

9 月分，火箭工作者們在一座地堡上掛上了一塊有些冠冕堂皇的牌子，上面寫著「柏林火箭試飛場」，並開始了他們熱忱的研究。雖然經費幾乎一無所有，但是大家的熱情卻無比高漲。舉例子說明：試飛場缺資金、缺材料讓他們常常面臨「巧婦難做無米之炊」的窘境，幸虧內貝爾拿到材料的本領似乎比布朗還要強些。有一次，他向西門子哈爾斯克公司的一位董事生動介紹了即將實現的宇宙旅行，說服他拿出了大量焊絲，這種焊絲對火箭工作者毫無用處，但是內貝爾把焊絲給銲接工廠，換來了一名熟練焊工，這是他們當時十

分需要的。

因為那個時代，失業是社會上極其普遍的現象。火箭試飛場在勞力上沒有花錢，因為許多像製圖員、電工、機修工等，能不交房租住在這裡，還能發揮他們各自的專業技能，已經是高興得不得了。

不久，就有大約 15 名技術工人住進了整修過的房子，有些人擁有過剩的機床、原料和辦公設備，同時又很容易受到宇宙旅行的誘惑。內貝爾就利用這些人的有限資源和心理特點，極大施展他的魔力，逐漸把他們的東西拿到手。

這種做法不斷得到發揚光大，後來內貝爾竟然制定了一條辦事原則：即使有錢也不花錢去買任何東西。

火箭工作者無法支付工資給勞力，就讓他們到附近婦女慈善團體辦的施湯所吃飯，分文不花。內貝爾有一輛舊汽車，英荷殼牌石油公司堅信，火箭技術最終會為他們的產品開闢新銷路，因此慷慨提供汽油和石油。

「回顧過去，我們的事業主要是建立在樂觀主義和一片痴心的基礎上，那些困難並不妨礙我們在火箭引擎設計方面取得十分可觀的進展。但我們還是必須把第一枚火箭射上天空，沒有這種看得見摸得著的成就來為我們自己增光，就很難指望我們自命不凡的火箭試飛場可以生存下去。」布朗說。

為此，克勞斯‧裡德爾匆促出了一項設計，內貝爾把它

命名為「最小的火箭」。他把這個名稱簡縮為「米拉克」，並風趣說，這也含有「費力最小，成就非凡」的意義。

幾個月後，他們終於造出了一臺引擎，經過實驗適於自由飛行。

裡德爾又研製出一種閥門和點火系統，讓操作人員安全待在隱蔽的地方對這臺引擎遙控啟動。

「米拉克1號」的設計把引擎安裝在頭部，但這樣設計並不是因為確信這種特殊布局有什麼優越性，而是遷就內貝爾充分利用所能拿到的材料的。

然而，後來一些火箭雜誌卻連篇討論頭部傳動設計對穩定性的作用等問題，意思說這種設計是經過非常複雜的推理才選定的。

實際上是內貝爾和往常一樣不花錢得到了一卡車鋁管，這些管子的直徑不能用於其他結構，而只能用於引擎供給導管來牽引燃料箱罷了。

工科大學生布朗在這裡初步學習了製造火箭的技術，並讓他越來越迷戀上了這項事業，他覺得自己離實現他的夢想不遙遠了。

從失敗中吸取教訓

1931年夏天，布朗暫時離開柏林和火箭試飛場，到瑞士

蘇黎世的聯邦工學院去深造。在這裡他結識了美籍醫科學生康斯坦丁・傑納勒爾茲，兩人成了莫逆之交。

在蘇黎世學習的布朗也沒放棄對火箭和航天知識的鑽研，他經常和傑納勒爾茲聊起這方面的話題。

有一次，在談到未來的太空人必須承受很大的加速度時，傑納勒爾茲說，要測定一個生物能承受多少重力加速度，唯一的辦法是把生物置於離心機之中。

不久，這兩個學生作出了下一步計劃，他們準備用一隻小白鼠開始這項「太空醫學研究計劃」，這在全世界來說也許還是頭一次。

他們把自行車輪轂固定在一張桌子上，架起了皮帶傳動裝置，這樣，只要轉動手搖曲柄，就可以使水平支起的輪子旋轉。在輪子的邊緣裝上半截金屬罐頭盒子，作為小白鼠的加速試驗床。

試驗開始後，布朗快速轉動輪子，直至使這隻可憐的老鼠承受著重力加速度。然後，傑納勒爾茲對小白鼠解剖，以便作出診斷。

用這種方法，傑納勒爾茲在 1931 年就發現，老鼠承受重力加速度能力的限制在於它的腦子：因重力加速度過大而受損傷或致死的老鼠，多數都是腦出血。

20 年後，美國空軍的航空醫學研究在人類身上證實了這

個發現。

要不是女房東威脅布朗，如果不立即停止試驗，就要把他從屋子裡趕出去，這兩個年輕的研究人員不知道還要發現哪些未知的奇蹟呢！

1931 年 10 月，布朗回到德國，他來到火箭試飛場時正趕上頭一次公開發射「米拉克 1 號」。內貝爾想出的好辦法是，邀請來當地有代表性的企業家前來觀看，並收了每人一馬克入場費。

但是，這次發射卻以失敗告終。

由於燃料箱密封不嚴，推力不足，「米拉克 1 號」在發射導軌中上升不到一半的距離，就因燃料耗盡而掉了下來。觀眾退場的時候，他心裡還想著觀眾會不會要求把入場費退還給他們。

布朗又重新回到了這個火箭研製的隊伍中。

1932 年初春的一天早晨，夜色的涼意還沒退去，天氣仍有些涼，但整個「火箭試飛場」卻充滿喜慶歡快的氣氛，如果這次一切順利，他們的財務困難就可以大大緩解了。他們大張旗鼓的研究工作引起了德國軍方的主意，陸軍兵工署還組成代表團要來看他們研製的火箭。

在凜冽的晨風中，布朗等人終於等來了 3 位身著便裝，表情嚴肅的軍方客人。

在參觀時，其中有一位叫華特‧多恩貝格爾的上尉，雙眼炯炯有神，始終仔細聽著內貝爾等人的介紹，並忙著記錄每一個細節。另外兩人是發射技術及軍火彈藥主任、上校卡爾‧貝克爾教授和軍火專家馮‧霍斯蒂希少校。這幾個人後來在液體推進劑火箭的發展中都有重要的影響。

多恩貝格爾就是兵工署指派的發展液體火箭並應用到軍事上的負責人，擁有工程碩士學位的多恩貝格爾此時已經在離柏林 30 公里的庫默斯多夫一處兵工廠建立了試驗站，並開始對固體推進燃料試驗。

多恩貝格爾後來回憶說，這些年輕的火箭製造者在火箭實驗工作上有著令人吃驚的成就。雖然他們很有熱情也很有天分，但他們缺乏嚴謹的科學程式，未紀錄測試，也沒將所產生的推力的大小用圖表表示出來，甚至對於火箭引擎的性能，他們連一張說明圖也沒有，這些都不符合軍方的要求。

這幾位來訪者態度謙遜，但他們根本不想看「米拉克 1 號」的發射，反而更在意布朗和火箭飛行場的其他成員所能拿出的少量示意圖和資料上，他們對還沒有試驗過的比「米拉克 1 號」更大的「米拉克 2 號」也有些興趣。

參觀結束後，經過協商，內貝爾和他們簽訂了一項合約，如果在庫默斯多夫陸軍靶場發射「米拉克 2 號」成功，他們就出錢 1,000 馬克，對此大家都很滿意。

　　7月分，一個天氣晴朗的清晨，內貝爾、里德爾、布朗一行人把兩輛可以調用的汽車都裝得滿滿的，向著柏林南面的庫默斯多夫出發。

　　前面的一輛汽車載著發射架，架上是塗成銀白色的「米拉克2號」，後面的一輛汽車裝的是液態氧、汽油和一些工具。此時，坐在車上意氣風發的布朗剛剛從夏洛滕堡工學院畢業不久，並取得了航空工程學士學位。

　　大約5時，這兩輛汽車和多恩貝格爾上尉在柏林南面森林的集合地點會合了。

　　多恩貝格爾把他們帶到靶場的隔離區，那裡早已布置好光學經緯儀、彈道攝影機和計時器，陣容壯觀，令人頓時緊張起來。在此之前，布朗他們從來沒見到過這些儀器。

　　下午14時，發射器被穩穩架起來，火箭也已加好足夠的燃料，做好了隨時升空的準備。

　　發射的時間到了，隨著信號的發出，「米拉克2號」騰空而起，高度瞬間達到了60公尺左右，但火箭突然出了問題，先是在近乎水平的軌道上飛行，後來在降落傘還沒有打開之前，就在三公里外墜毀了。

　　顯然，軍方對「米拉克2號」的表現並不滿意。儘管飛行場的成員們對液體燃料火箭比其他德國人了解得更多，但他們製造的火箭卻不是很可靠，不能滿足他們的要求，甚

至內貝爾那非常能打動人的樂觀精神也無法說服他們回心轉意。

雖然火箭試射失敗了，但對於多恩貝格爾來說，卻有了一些收穫，那就是他發現了一個從與之開始接觸就一直表現很突出的人。後來他在他的《V-2》那本書裡寫道：

> 在我到賴尼肯多夫做訪問時，我對一位年輕學生工作時的熱誠、伶俐，以及他令人驚訝的理論知識有極深刻的印象。後來當卡爾‧貝克上校決定核準軍方製造液體推進火箭時，我把這年輕學生馮‧布朗列為技術助理名單的第一人選。
>
> 在隨後的幾天裡，布朗決定再努力一次，他帶著修改後的資料去拜訪了貝克爾上校，發現上校並不是像內貝爾所描繪的那麼凶。在布朗看來儘管貝克爾穿著軍裝，但他心胸開闊，熱情洋溢，是一個不折不扣的科學家。

「我們對你們的火箭技術很感興趣，」他說，「但是你們從事火箭發展工作的方式還有一些缺點，你們太注重吸引觀眾了，這不適合我們的需要，要是能把注意力集中在科學資料上，而不是發射玩具火箭，你們可能會做得更好。」

布朗回答道，只要有必要的測定儀器，他將樂意提供這樣的資料。接著，他又試圖讓貝克爾明白，為了減輕長期經濟困難，他們吸引觀眾是必要的。

從小立志

　　貝克爾立即指出，這些吸引觀眾的做法，和德國戰敗後簽訂的條約中限制遠距離武器發展事宜是水火不相容的。最後他提出，給布朗一定的財政支持，條件是試驗小組得在一個陸軍基地的圍牆內祕密工作為軍方服務，此後，不能在賴尼肯多夫再研究火箭技術了。

　　貝克爾還強烈建議布朗去到柏林大學攻讀相關的博士學位，並批准他以後可以使用庫默斯多夫的實驗器材來完成他在研究液體燃料火箭引擎方面的博士論文。

　　內貝爾是第一次世界大戰時的戰鬥機駕駛員。當布朗回到火箭飛行場告訴他上述條件時，他表示什麼都可以就是不願意再受森嚴的軍事約束了，他在以前服役的歲月裡早已嘗夠了，他擔心「不懂業務的人會阻礙我們的研究計劃自由發展」，布朗不同意這種看法，兩個人爭論起來，言詞激烈，不了了之。

　　里德爾對接受陸軍提出的有條件的支持也不贊成。他的論點是，有志於宇宙航行的私人企業也能為這一有價值的研究目標籌措必要的資金，但到底怎樣消除小火箭與大型載人宇宙飛船之間的差距，他不是很清楚，唯一清楚的是需要鉅額經費。

　　布朗心中有數，玩具般的「米拉克2號」實際上只是為製造真正的液體推進劑火箭而進行的微不足道嘗試。能到現

在這種程度，已經是業餘研究者能達到的最高水準了。

他深知，要取得成功，首先就得開始大規模的實驗計劃，而賴尼肯多夫連這起碼的條件是不具備的。布朗認為，在這種情況下，陸軍的資金和設備，似乎是通向真正的宇宙航行的唯一可行的途徑了。

當時火箭飛行場的成員，沒有一個人想到火箭作為一種武器，在第二次世界大戰中會造成那麼大的破壞。當時希特勒還沒有上臺，在火箭飛行場的大多數成員眼裡，他只不過是一個蓄著卓別林式鬍子的政治人物。

他們的處境和航空發展先驅者的遭遇頗相似，當年也是因為軍方感興趣並提供援助，飛機才能得到發展。最後，他們勉強取得一致看法：不能完全不理睬貝克爾上校提出的條件。

實際上，內貝爾和里德爾不願意讓布朗接受軍工署提供試驗研究經費的附加條件，並成為陸軍火箭技術部門的成員。他們只是希望：他有了這樣一職位，能支持賴尼肯多夫，萬一由於財政上的困難火箭飛行場解散，他能依靠陸軍的贊助為朋友們提供經濟保護。

其實，這時的布朗已經意識到，必須學習更多的物理、化學和天文學，才能徹底理解並解決所有的問題。

因此，他決定同意貝克爾的建議，轉入柏林大學攻讀博

從小立志

士學位。當時，傑出的物理學家馬克斯·馮·勞厄和埃爾溫·
薛丁格都在那裡任教。

製造火箭

因為相信火箭在未來的和平時期有偉大的發展前途，我們必定要遭受了許多艱難困苦。

———馮‧布朗

不穿軍裝的僱員

1932 年 10 月 1 日，布朗在柏林大學上學的同時已經正式成為陸軍的一個不穿軍裝的僱員了，任務是發展液體推進劑火箭。

他一邊在大學裡學習，一邊由德國陸軍提供的經費做起了研究，他在庫默斯多夫占了一個有滑動頂蓋的混凝土試驗井的一半，另一半則用於試驗火藥火箭。

多恩貝格爾向布朗提供了火箭測試架，並給他配備了 3 名工作人員，包括工業瓦斯應用協會的工程師華特瑞達爾、工程師亞瑟魯道夫，以及原來在「火箭飛行場」的首席技師海因里希‧格呂諾。

雖然 4 個人馬上開始了工作，但經費並不寬裕，對於軍方來說，發展火箭是違反戰後《凡爾賽和約》的，所以在軍隊內部也不能大張旗鼓進行，一切只能祕密進行。

布朗所需要的器材設備只能向一家火炮工廠提前訂貨，而這家工廠的許多工作都比他的訂貨要優先得多。

庫默斯多夫靶場的辦公機構更是辦事拖沓，總是一副高高在上的姿態，布朗把要求撥給材料的申請送上去後，常常是被他們擱置在辦公桌上，很長時間也不見答覆。

直到 1933 年 1 月，功夫不負有心人，他們終於成功製造出了第一臺供試車臺試驗用的小型水冷式引擎。在第一次

試驗中，這臺引擎產生了 140 公斤的推力，持續了 60 秒鐘，當局也大為驚異，但緊接著，問題又來了，引火爆炸、活門凍結、電線管道起火和許多其他的故障，不斷阻礙著工作的進展，布朗陷入了困境，一時找不到解決的辦法。

內貝爾說道，現代發明所要解決的主要問題，就是把已知的、現成的部件組合在一起。在困難關頭，這句話給了布朗很大的啟發。

從目前情形看，最可行的辦法就是把銲接專家、造儀器的和製煙火的技術人員們都請過來。

布朗在這些行家們的幫助下，造出了 300 公斤推力的再生冷卻液氧——酒精引擎，進行了靜態實驗，並準備裝在用 6 個月時間造出的火箭上進行發射，他們把這個火箭和引擎的合成體稱為「合成體 1 號」，簡稱為「A-1」。主要目標是讓它成為一枚可以沿預定路線穩定飛行的火箭。

因為設計上的問題，第一次試驗時點火還不到半秒鐘，火箭就炸成了碎片。改進了以後，第二枚 A-1 也還是達不到預定的成果，布朗和他的研究小組決定放棄 A-1，轉入重新設計的 A-2 的研究工作中。

A-2 雖然跟 A-1 的大小差不多，但是推力卻達到了 1,000 公斤。儘管研究小組的目標是發展武器，但布朗對發展太空旅行的火箭仍然念念不忘。為了達到這個目的，他下決心一

定要製造出更大的火箭。

到 1934 年 12 月，他們成功造出了兩枚 A-2 火箭，命名為「馬克斯號」和「莫里茨號」，準備在北海的博爾庫姆島上發射。

他們選在聖誕節前幾天發射了這兩枚火箭，它們都達到了大約 2,000 多公尺的高度。這讓布朗等人欣喜若狂。他們的這次試驗，得到了當局軍方的認可，他們很肯定表態，這次試驗是非常成功的。

在此之前，這位 22 歲的學生科學家已經取得了柏林大學物理學博士學位，他寫的論文論述了液體推進劑火箭引擎理論和實驗的內容。但是因為軍事安全方面的原因，這篇論文編入目錄時，用了一個難以歸類的題目「關於燃燒試驗」。

柏林大學把這篇論文評為最高等級 —— 特優。但是，直至第二次世界大戰之後，軍事限制取消了，這篇論文才得以印刷出版。年輕的布朗在試圖分析並測定火箭引擎中發生的複雜的噴射、霧化、燃燒、離解、氣態平衡和膨脹現象時所竭力探索的問題，在這篇論文中都作了生動的闡述。

這篇論文意義十分重大，甚至在大約 30 年後，德國宇宙飛行協會還將該文作為其正式期刊的特刊重新出版，向全世界火箭工程界發行。

1935 年初，德國和世界各國的關係日益惡化，納粹在選

民中獲得了越來越多的支持，並逐漸在政府中站穩了腳跟，納粹統治下的軍方開始公開研製各種武器，庫默斯多夫的研究工作也得到了更多的支持。

在布朗研製 A-2 火箭的同時，馬克斯‧法利爾在包括瓦爾特‧里德爾在內的一些火箭專家幫助下繼續火箭車實驗，這種車是以液體推進劑火箭為動力的。

有一次，火箭引擎爆炸，法利爾的喉部被碎片所傷，不幸死在里德爾的懷裡。實驗小組在里德爾的領導下，依照與陸軍訂立的合約，在柏林附近的布里茨煤氣股份公司祕密繼續工作。

令布朗特別滿意的是，陸軍決定把這項工程和他自己在庫默斯多夫的小組合併在一起。里德爾有技術、實際經驗，這樣一合併，可以互相補充。

「馬克斯號」和「莫里茨號」的發射成功，大大推動了火箭的發展。隨之而來的是官方更加慷慨解囊，火箭專家歡欣鼓舞。布朗立即著手研製 A-3。

1935 年 1 月，馮‧里希特霍芬少校拜訪了布朗和他的小組，里希特霍芬負責德國空軍的發展工作，後來在戈林手下當空軍元帥。他到庫默斯多夫來的目的，是要了解用液體推進劑火箭作為飛機動力的可能性，這種動力先要在傳統的飛機上進行試驗，最後應用到一種特別設計的全火箭動力飛機

上去。

里希特霍芬走後，軍方很快決定把庫默斯多夫發展成一個飛機動力工廠，並派來了一批工程師，催促馬上開始全火箭動力戰鬥機的研究工作。

「我們的火箭引擎用酒精和液氧作推進劑，產生了 1,000 公斤推力。在一定限度之內，這種髮動機還可以調節。1935 年夏天，把這種裝置裝在機身裡，從座艙裡操縱進行了幾次靜態實驗。德國空軍的軍官小組觀看了先是不敢置信，繼而驚訝不已。」布朗說。

那時候，布朗手下大約有 80 個人，還有一個夾在庫默斯多夫兩個砲兵射擊場中間的小小實驗站。里希特霍芬提出的包括研製一種重型轟炸機起飛用的噴氣助推器的要求，在這樣狹小的地方是無法實現的。於是少校很快就撥給了他們 500 萬馬克，以便在另外一個地點建立起更加完善的設施。

空軍出的這筆錢，第一次打破了國防軍各部門之間的規矩。布朗被他的頂頭上司霍斯蒂希上校嚴肅帶到貝克爾將軍辦公室，當初參觀「火箭飛行場」時的貝克爾上校此時已當上了陸軍軍械總監，里希特霍芬的無禮行為，使將軍勃然大怒。

「德國空軍真有一副暴發戶的架勢，」他咆哮著說，「我們剛有了發展前景，他們就想竊取！但是他們得想清楚，火

箭這買賣，他們只不過是新手！」

「你是說，」霍斯蒂希驚訝問道，「你打算在火箭技術上出錢超過 500 萬嗎？」

「正是這樣，」貝克爾回答說，「我打算，除了里希特霍芬的 500 萬以外，再撥款 600 萬！」

布朗以前的年預算從來沒有超過 800 萬馬克，這一下，他的小型實驗成了「頭等大工程」，從此以後，需要的資金源源不斷。

手頭有了足夠的資金，他們就對在庫默斯多夫的狹小地盤大為不滿了。他們想盡快搬到一個能把火箭發射到 300 多公里的地點。

1935 年聖誕節，布朗回到西里西亞的老家探望父母，他把火箭發展的前景告訴了他們，並告訴他們正在尋找適當地點的事，而且由於安全的原因，這個地點必須靠近海邊。

「你們為什麼不到佩內明德去看看呢！」他的母親建議道，「你祖父以前經常去那打野鴨。」

布朗覺得她的意見不錯，並帶多恩貝格爾來查看，軍方最終同意了把這個地方作為火箭試驗場的新地址。

進駐佩內明德

佩內明德位於柏林北方烏瑟多姆島西北端伸入波羅的海

的一塊沙洲上，這裡有成片的松樹林，無盡延伸的沙丘，以及各種水鳥聚集的沼澤地。平靜而孤立，沒有太多居民，地方很隱祕又有一段海岸線可以利用，這一切正符合庫默斯多夫研究小組的需要。

　　4 個星期以後，空軍建立常設的工程師辦公處，開始了實驗場的建設。選上空軍，是因為根據建築條例規定，空軍可以建造規格更高的建築物。

　　花了兩年時間，終於在佩內明德建起了複雜的綜合性設施。

　　1937 年 4 月，庫默斯多夫的火箭專家們搬到波羅的海之濱。在龐大的工廠裡，需要更多的技術人員，於是布朗得以召回那些在老火箭飛行場已經愛上了火箭技術的人員，他對此感到十分滿意。

　　布朗帶著這個比以前龐大很多的團隊，繼續進行 A-3 的研製工作。A-3 在設計上已經有了很大改進，原來的設計要求達到超音速，但因為不斷增加器材，過於沉重，在 A-3 的多項革新中，不僅解決了這個問題，能把相當重量的記錄儀器帶上天，還大大減少了點火爆炸的危險。

　　1937 年 12 月，A-3 研製完成，布朗準備在波羅的海的格賴夫斯瓦爾德島上試射 A-3 了。

　　第一枚 A-3 在添燃料前，某些部分塗上了具有高度吸溼

性能的綠色染料，以便在墜落地點把海水染出顏色。發射之前耽擱了幾小時，冰冷的液態氧使海上溼潤的空氣凝聚為水，從而溶解了染料，綠色的水滴順著尾舵慢慢流下來，使經由電纜接線柱通向火箭內部的各種電路短路，這就越發耽誤了時間。

更使氣氛緊張的是，在這段時間內，滿載著觀察員的船上，不斷向實驗小組發來質問電報，這顯然是由於海上波濤滾滾，船上的人顛簸得難受，因而電報催得很緊。

12 月 4 日，總算一切準備就緒了，布朗親自按下啟動電鈕，點火裝置性能很好，第一枚 A-3 開始飛離地面。大約持續飛行了 5 秒鐘，出現了降落傘。可是，降落傘飄進了火熱的噴射流，頃刻化為灰燼。火箭開始打轉，搖搖晃晃掉到海裡去了。

他們希望，失敗的原因在於降落傘及其機械裝置，所以在發射第二枚 A-3 的時候把這一部分裝置去掉了，但是照樣失敗。火箭還是墜毀了。

全體工程人員大失所望，集合在一起討論兩次失敗的可能原因，是燃氣舵缺乏足夠的活動範圍，去抵抗空氣動力流，以致火箭不能迎風前進嗎？但是火箭打轉明顯發生在進入逆風之前，這個理由不能解釋。火箭在試車臺的方向架上進行試驗時，橫滾控制系統的工作性能良好……他們懷疑

會不會是傳動裝置速度太低，會不會是風力影響了滾動穩定性……

他們決定等到一個無風的日子，再把最後一枚 A-3 原封不動地拿來進行試驗。結果第三枚和前兩枚一樣失靈。

失望的布朗下決心找出問題所在，他和研究小組重新設計了控制系統，但是要造出這套系統，供下一次試驗使用，至少需要 18 個月，他們就利用這段時間矯正 A-3 的缺陷，並準備研製出新的火箭 A-4 和 A-5。

A-4 是第一枚根據特定規格製造出來的火箭，和以往的火箭不同，以往的火箭都是先經過製作，再經過測試評估性能。

A-4 是多恩貝格爾定出的規格，它的射程要達到 260 公里，能負載 1,000 公斤重的彈頭，命中的誤差只能有 2 至 3 公尺，火箭還必須能用鐵路或公路運達德國境內任何一個地點。

研究小組遇到了前所未有的挑戰，這種規格的火箭必須重量輕、反應快、結構簡單、足以負載大量燃料。經過一段時間的努力，他們造出了真正可靠的液體燃料火箭引擎。

布朗等的研究工作取得進展的時候，希特勒的權力崛起，德國空軍得到了國防軍的其他部門所沒有得到過的慷慨資助。

多恩貝格爾和布朗都意識到，他們研製的火箭越來越大，射程也越來越遠，像 A-4 火箭這種大型研究方案，包括布朗最想實現的宇宙探測，必須要有希特勒政府的支持才能進行下去。

機會來了，布朗接到通知，希特勒要去庫默斯多夫視察。

為希特勒上課

1939 年 3 月 23 日，在布朗 27 歲生日的時候，他在庫默斯多夫砲兵射擊場的試驗站裡第一次見到了希特勒。

在大部分人搬去佩內明德後，這裡還保留著火箭引擎的設計室。

那天天氣特別的陰冷，天空還下著雨，水珠不斷從淋溼的松樹上滴落下來，在地上形成了大大小小的水窪窪。靶場和試驗區的地面上，到處都是水汪汪的，所有東西全都浸溼了。

這是北歐的一個嚴寒而又痛苦的冬天，到處都呈現緊張的政治氣氛。

許多人都隱隱感覺到，去年蘇臺德地區的衝突，很可能導致災難性的大規模戰爭，每一個德國人都知道，他們的元首正在準備攤牌，如果西方列強不能繼續滿足他的要求。

當然在希特勒看來，他不但會繼續成功，而且會永無止境取得更大的成功。

布朗注意到，希特勒到庫默斯多夫的時候，對周圍的一切都感到很驚奇。他的臉因長期征戰被晒得黝黑，他走來走去，顯得精力充沛，渴望了解到更多的未知情況，雖然他對火箭研究機構所要看的東西並未表示有任何強烈的興趣。

隨他一起來的有陸軍總參謀長瓦爾特‧馮‧布勞希奇和陸軍軍械總監卡爾‧貝克爾將軍。佩內明德的指揮官瓦爾特‧多恩貝格爾當時是一個上校，他在附近迎接了貴賓，並帶他們參觀佩內明德的前身 —— 庫默斯多夫的火箭研究設施。他還替布朗引見元首，並強調說，無論元首想要問什麼技術問題，布朗都樂於回答。

多恩貝格爾知道，如果希特勒對火箭技術感興趣的話，也僅僅是侷限於發展武器的潛力，因此他要求布朗不要提宇宙航行問題。他不願意讓希特勒認為，他們根本不是在研究現實問題，即對德國的軍事力量有用的計劃。

多年來，他們一直在為各種液體燃料火箭發展計劃爭取經費，當他們纏著陸軍首腦，要求得到繼續進行研製的經費時，有人告訴他們，要錢，就只能研究可以遠程運送重磅炸藥並有希望命中目標的那類火箭。

布朗隨希特勒走向一座最老的試驗臺，看一架舊的 1934

年 290 多公斤推力火箭引擎試車，火箭引擎的靜態試車並不包括導彈的實際發射。引擎被拴在或者裝在固定的臺架上，然後再點火。在這種情況下，燃燒室水平地懸掛著。

希特勒只站在幾公尺外的地方觀看，只有一道裝甲木板牆來作為防護。淡藍色的噴氣，集中在由不同亮度的色彩清晰顯示出來的具有超聲衝擊波的狹長氣流中，同時發出刺耳的呼嘯聲，儘管希特勒的耳朵裡塞著白楊軟木塞，但是這種聲浪一定會震得他的耳膜發疼，然而他的表情是那樣專注，並沒有一絲變化。

希特勒已經習慣於大砲和各種「隆隆」轟響的火炮的表演，他顯然並不為之所動。下一項表演是一臺垂直懸掛的引擎發出 1,000 公斤推力，他看了仍然還是一聲不吭。希特勒觀看第二項試驗時，距離大約 9 公尺多，還是站在一道防護設施後面。

接著，希特勒一行走向了另一座裝配塔。

多恩貝格爾上校陪在希特勒身旁，向他匯報在新的佩內明德火箭中心的工作情況以及所取得的成績。希特勒始終一言不發。直至介紹他看裝配塔裡一枚嶄新的 A-5 導彈剖面的模型時，他才開始說話提問。

希特勒透過導彈薄薄的金屬外殼上的狹長切口和許多小孔，可以看到豎管、閥門、燃料箱和火箭引擎，並可以觀察

到燃氣舵的操縱偏度。為了讓參觀者們一目瞭然，相關的部件都被塗上了相同的顏色。

布朗曾經聽說，希特勒對現代技術和複雜的機器頗感興趣。當他開始解釋 6 公尺長的複雜的 A-5 導彈結構時，希特勒對他講的每一個細節都十分注意地聽著。

「這些是電池組，」布朗指著那些高高位於導彈上方，在逐漸尖削的彈頭下面的鎳鎘部件說道，「它們為控制系統和儀表裝置的操作提供必要的電力。電池組下面是陀螺穩定平臺和 3 個控制伺服馬達的速率衰減陀螺儀。陀螺平臺上有一臺加速度敏感裝置，可以量雙重積分之後，由風力引起的火箭航向橫向偏差。其次，這裡有一個防水艙，裝有氣壓記錄器、溫度記錄器和用來拍攝這兩種儀器在飛行中的讀數的小型電影攝影機。」

布朗大聲解釋著，並望向元首，想看看他聽懂了沒有。

「你們怎麼回收攝影膠卷呢？」希特勒問道。

「到達最大高度以後，有一個降落傘會自動彈射出來，導彈便徐徐降落，掉進海裡浮在水上，我們就可以把它撿起來。通常只有輕微的損壞。」布朗回答。

他繼續對 A-5 導彈進行更詳細的解釋，他指出：「用於測量外殼溫度和燃燒室壓力的其他儀器，以及當導彈偏離航向時，接收地面發來的緊急訊號以便關閉火箭引擎的無線電接

收機。」

「在儀器艙下面是氧氣箱，氧氣箱下面是推進劑箱，內裝鋁製火箭引擎，大約有 1.8 公尺長。」布朗解釋了燃料箱增壓系統的作用，「這個系統是由一個液氮貯存器和一個電熱器組成的，二者都裝嵌在液氧箱中。降落傘包則位於兩箱之間，從側面彈出。」

布朗強調說：「容量為 390 升的推進劑箱雖然是用輕合金製成的，但每平方公分可以承受的壓力達 22 公斤。」

希特勒繞著這枚起飛重量為 750 公斤的科學研究導彈踱著步子，他指了指引擎，問：「布朗，性能如何？」

「這臺引擎在 45 秒鐘之內能產生 1,000 公斤推力。」布朗答道。

希特勒沒說什麼，也沒顯露出什麼感受，他繼續提他所關心的問題。

最後，他搖搖頭離開了火箭，但是一聲不吭。

布朗心裡明白，希特勒對 A-5 導彈評價不高，也許他認為液體燃料火箭引擎太複雜了。

希特勒離開裝配塔之前對布朗說：「到底是什麼東西使液體推進劑火箭飛起來，我還是不明白，你們為什麼要用兩個燃料箱和兩種不同的推進劑呢？」

布朗十分驚訝望著希特勒，他已經對一枚先進導彈的複

製造火箭

雜之處作了詳盡的解釋，滿以為希特勒起碼會明白火箭推動的基本道理。但是很顯然，這個人甚至連最基本的原理都不懂。布朗意識到，希特勒對他的大部分解釋是左耳進右耳出了，於是布朗開始用淺顯易懂的語言，向他說明火箭推進的原理。

布朗說：「當然，火箭在沒有空氣的情況下是可以飛行的，因為它不是靠推壓後面的空氣前進。火箭的推壓是在內部進行，推壓的是頭錐。它不像其他的引擎用大氣中的氧氣進行燃燒，如汽車或飛機的引擎。火箭在氧化劑箱中帶著氧氣。」

「但是為什麼要這樣呢？為什麼不用汽油或柴油和某種汽化器系統，利用周圍空氣中的氧氣呢？」希特勒問道。

「閣下，那已經做過了，」布朗回答說，「那種引擎叫做脈動式空氣噴氣引擎。但是這種脈動式引擎只能用於比較低速的飛行，如果導彈以這樣的速度飛行，就會被高射炮或戰鬥機打下來。火箭推進的主要優點是：即使引擎起作用的時間很短，導彈也能像砲彈一樣，以極高的速度飛行；當然，因為導彈像砲彈一樣是沿著彈道飛行軌道飛行的，所以初使速度越大，導彈的射程就越遠。」

布朗又看了看希特勒。他擔心，他老是站在那裡解釋導彈技術的 ABC，會使元首顯得十分無知，於是當他接著講的

時候，就又指了指 A-5 導彈的流動體系說：

「按引擎的單位重量計算，火箭引擎所產生的推力，
比用於飛機推進的任何引擎都要大得多。如果能加快
燃燒過的氣體的排出速度，火箭的速度還會更快，射
程還會更遠，排氣速度快一倍，同一枚火箭所能達到
的速度也會翻一倍，射程則是原來的 4 倍。最終速度
還取決於所消耗的與火箭空重相比的燃料重量。」

「如果燃料重量是火箭空重的大約 6.5 倍，火箭的飛
行速度將達到排氣速度的 3 倍。如果重量比為 19：
1，速度比則為 3 倍，其餘類推。我之所以列舉這些數
字，是因為火箭要取得高速度，它所攜帶和燃燒的推
進劑的重量就必須比它自身的重量大好多倍。了解這
一點是很重要的。當然，火箭彈是能夠取得超音速、
達到極端高度或極大射程的唯一大型彈射體。當這樣
一枚彈道火箭彈落到地面上時，即使不帶裝藥彈頭，
其衝擊效應也是十分驚人的。」

希特勒的獅子鼻、蓄著小鬍子、有著兩片薄嘴唇的臉
上，並沒有顯出對布朗談的內容有什麼特別的興趣，只要希
特勒不說什麼，布朗就認為那是表示他可以繼續講下去。

「液體燃料火箭似乎十分複雜，它用的不是燃料和氧化劑
在同一個容器中存放和燃燒的固體推進劑，而是把燃料和氧
化劑分別放在兩個燃料箱裡。透過燃料箱增壓或用泵，再把
液體推進劑壓入再生冷卻燃燒室。雖然液體燃料火箭增加了

這麼多複雜程序，但是它有幾個顯著的優點，最重要的優點是它的排氣速度比固體推進劑所能取得的排氣速度高得多，這就意味著可以達到更遠的射程。此外，液體推進劑火箭完全可以控制，就像普通的汽油引擎一樣，推力可以透過減少燃料供給來調節。」

「這枚導彈能負載多重？」希特勒問道。

布朗答道：「A-5只是測試火箭，還沒有考慮負載能力，不過經過試驗，證明可以造出能攜帶巨大彈頭的更大型的火箭。」

這時，布朗自以為覺察到希特勒的眼睛裡閃出了一絲興趣的光芒，便繼續對各種液體推進劑功能用途逐步詳細的解釋。

「飛機引擎只能靠汽油運轉，」布朗說，「而火箭則可以使用成千上萬種不同的混合燃料。許多異乎尋常的化合物證明是有希望的。氫氧混合燃料能使排氣速度達到每秒4,000公尺，幾乎等於目前酒精——氧氣引擎的推進劑效率的兩倍。但是液氫很難操作，還沒有辦法實際應用，所以這種排氣速度只是理論上的。然而它表明，可以研製出新的或更好的混合燃料。」

希特勒多少有點滿意了，他接著又問了一些問題，流露出他想把火箭納入自己的計劃中。

　　例如他問道，用鋼板代替鋁製造火箭是否可能。起初，他聽說 A-5 只不過是一個研究用飛行器，不能帶彈頭，大失所望，但他聽說 A-4 能把 1,000 公斤爆炸物載送到 290 公里之外的目標時，他就有興趣了，問研製這樣的導彈需要多長時間。

　　布朗望著多恩貝格爾，他想這個問題還是由軍人來回答得好，而且還可以讓多恩貝格爾上校借題發揮，趁機要求得到更多的發展經費。

　　「根據目前的工作水準和財政支持，那是需要相當的時間的。」多恩貝格爾慢條斯理地說。

　　希特勒微微點了點頭，以示回答。

　　在餐廳用午餐的時候，希特勒一邊吃著素雜燴，一邊自己談到宇宙飛行的話題上來。

　　他說他曾經在慕尼黑遇到過馬克斯·法利爾。希特勒說，法利爾是一個空想家。布朗正想要為法利爾辯護，並給元首簡單介紹宇宙飛行問題，但是看到多恩貝格爾的臉色，便連忙住口。多恩貝格爾老練笑了笑，用外交辭令說，宇宙飛行還是很遙遠的事情。

　　希特勒把杯子裡的礦泉水喝完以後說道：「噢，好極了！」他指的是靜態試驗臺上的火箭引擎表演。言外之意顯然是想要結束談話。按照禮節，就不應該再談這個問題了。

製造火箭

　　布朗頗感失望，既然希特勒自己提出宇宙飛行的問題，為什麼不談下去呢？說不定他們終究能引起希特勒對宇宙飛行的興趣。

　　希特勒這個人在其他方面十分好大喜功，為什麼就不想研究宇宙飛行呢？但是多恩貝格爾解釋了為什麼不討論宇宙飛行問題的理由以後，布朗同意了他的看法。

　　多恩貝格爾擔心的是，希特勒會把他們看成是和法利爾一樣的空想家。如果那樣的話，連軍用遠程火箭這一比較容易達到的目標，他也會加以反對。

　　按照希特勒此刻的心理狀態，甚至連研製大型火箭武器的時機已經成熟，他顯然也不相信。但是，總有一天他會理解這一點的。喧鬧的表演場面至少在一定程度上吸引了他，這可以從他的評語「好極了」推斷出來。

　　希特勒向庫默斯多夫的全體工作人員告別時，和布朗和多恩貝格爾握了手，說了幾句感謝的話，然後便登上他的裝甲汽車往柏林去了。

　　布朗可以想像得到，沒有希特勒站在他們一邊，他們將會遇到許多難題。

　　希特勒習慣於對他周圍的親信們說，他的「判斷永遠正確」。

　　而那些親信們對待希特勒的判斷，就像對待福音書裡的

真理一樣，立即在全黨傳播。從當時的情形看，想要得到經費和支持看來是極為困難的，布朗已經開始意識到，通向宇宙飛行之路將是多麼的漫長，那也將是一條不平坦的道路。

令他沒有想到的是，由於他在 V-2 火箭研製方面的成績，在幾年可怕的戰爭結束以後，希特勒會授予他所謂「榮譽教授」的稱號。

闖過難關研製 V-2

1939 年 9 月 1 日，德軍入侵波蘭。兩天后，也就是 9 月 3 號，英法兩國對德宣戰，就此揭開了第二次世界大戰的序幕。

這時，布朗仍然沉浸在搞大型火箭為今後宇宙探索做準備的幻想中。開戰後沒幾天，他們就把已經完善的新的制導系統裝到了 A-5 上，隨後進行了試射。試射非常成功，火箭上升的垂直高度達到了 13,000 公尺，這是一個前所未有的高度。

1940 年初，佩內明德的指揮官向布朗表示，A-5 的研究必須停止，「除非能造出軍方需要的軍事武器來，否則陸軍當局就會拒絕撥給必要的研究和試制經費。」

「如果我們只是無休止發射實驗火箭，那就不用繼續我們的研究了，」多恩貝格爾當時這樣說，「軍械部需要一種射

程大大超過遠程大砲的野戰武器。」

　　經過研究，一種構型類似 A-5、可以透過鐵路隧道運輸的火箭，能攜帶 2,000 公斤重的彈頭達到 270 多公里射程。這種火箭滿足了軍方的要求，因而就在這種非正式的情況下，V-2 的原始設想產生了。

　　1940 年夏，布朗帶著佩內明德的全體技術人員全力以赴投入到 V-2 研製的巨大工程中，工程難題幾乎堆積如山，極待解決，每一項大的改動又會牽出許多新的問題。

　　要使火箭引擎的性能調節到最完善的程度，就要進行幾百次試車。用 V-2 的巨型引擎進行這樣多次的試車，後勤工作量之大為驚人。

　　V-2 的制導和控制提出了許多問題。A-3 和 A-5 所使用的制導和控制系統，是由工業公司供應的。這些公司和布朗本人共同商定規格以後，再設計和試驗。儘管納粹統治有極端國家主義傾向，但是德國的軍需採辦還是堅持一個原則：政府機構制定所需物資的規格，私人工業負責設計和製造，但是規格要求越來越嚴，承包商開始提出一些非經詳細研究無法給予滿意答覆的問題。

　　但這所有一切並沒有難倒精力充沛、意志頑強的布朗，他的領導和組織才能也再次得到了充分的發揮。布朗的謙虛好學、知人善任使他帶領佩內明德的工程師闖過了一個又一

個難關。

戰爭爆發後，因為軍方不相信他們能及時生產出什麼有軍事價值的東西以供使用，所以一些最有經驗的人員甚至被征招入伍，剩下的人員也受到很嚴格的預算控制。

但在研製 V-2 的關鍵時期，佩內明德得到了當時的陸軍最高司令官瓦爾特・布勞希奇元帥的支持，他是相信火箭研製會取得成功的少數人之一。他分配給佩內明德 3,500 名官兵，這些人名義上是接受訓練，實際上是加速研製。

「除了增加勞動力以外，我們還邀請了 36 名工程學、物理學和化學教授到佩內明德來，舉辦『獻智日』，目的是要引起他們的興趣，謀求合作。」布朗回憶道。

因為各大學也遭受徵兵之苦，教授們都心甘情願地用公文包帶著一個或更多的問題，回到自己的研究所或大學去，任務是教授們根據他們當時的設備情況自己挑選的。

這樣領出去做的任務包括積分加速表、泵葉輪改進、多普勒無線電彈道跟蹤、陀螺儀軸承、電離層研究和電離層中的無線電波傳播、天線方向圖、超音速風洞的新測定法、飛行力學電腦和許多其他問題。從涉及的內容看，火箭技術的確已經成了一門複雜的科學。

布朗和教授們的合作不但富有建設性，而且關係十分融洽。他們進行了大量的討論，開了許多專題討論會，大家彼

此互訪也不少。為了讓大學的研究機構在研究方法上有較大的靈活性，讓它們的人員有充分的機會去徹底熟悉火箭試驗的所有實際情況，最後訂立科學合約時條件訂得很寬，這種做法促使人們作出了許多創造性的貢獻。

佩內明德和 36 位教授之間的這種安排，阻止了後來納粹分子在德國「組織」整個戰時研究的企圖。那些納粹黨人，拿著各種表格要各個大學填寫，為布朗工作的人委婉謝絕合作，說他們為佩內明德的重點項目進行研究，已經忙得不可開交。

發射 V-2 的第一次嘗試是在 1942 年春進行的，引擎點火時，發出可怕的轟鳴聲，導彈上升了約一秒鐘，隨即因燃料供給發生故障，彈尾朝下落了下來。彈尾由於缺乏抵擋這種衝擊的足夠硬度，彎曲變形了。V-2 翻倒下來，在巨大的爆炸聲中炸得粉碎。

4 個星期後，第二枚 V-2 似乎有可能滿足布朗最樂觀的期望，它通過了令人擔心的音障而沒有發生事故，這使全體工程人員鬆了一口氣。因為許多空氣動力學家曾經預言，「跨音速現象」會把導彈撕得粉碎。

過了 40 多秒時，第二枚 V-2 還可以看得見，情況和預期的一樣好，突然間它開始搖晃起來，出現了一片白色蒸汽雲，於是它就在半空中解體了。後來了解到，這是由於儀器

艙區的外殼過於脆弱。1942 年 10 月 3 日發射第三枚 V-2 時，加強了外殼。

這一次的 V-2 飛行十分成功。第三枚 V-2 達到的最高高度是 85 公里，射程為 190 公里，雖然沒有達到 275 公里的設計射程，但是這讓布朗和他的火箭專家們十分滿意。

多恩貝格爾對布朗說：「這一次是非常了不起的，但我要警告你，使我們頭痛的問題還根本沒有解決，而只是剛剛開始。」

多恩貝格爾的警告是對的，這一點不久就證實了。迄今，納粹官員中很少人像多恩貝格爾那樣對火箭技術充滿信心。希特勒走得更遠，甚至預言火箭試驗一定會失敗，這是浮現在他心頭的他那「永不會錯」的臆測之一。於是他的諂媚者都和他唱一個調子，統治政權中的多數人開始把火箭專家們看成是一些信奉左道邪說的人。

第三枚 V-2 的成功一下子改變了這種局面，希特勒毫不費力把他的臆測忘得一乾二淨，成了一個火箭迷。那些拍希特勒馬屁的人也學他的樣子，闖進佩內明德大叫大嚷要立即生產 V-2。德國空軍在不列顛之戰遭到失敗以後，甚至連希特勒司令部裡的人也把注意力轉向了火箭。

最後建立了一個 V-2 特別委員會，直接由軍械和軍工生產部管轄，由格哈德·德根科爾布擔任主席。該委員會馬上

開始發布高壓指示，並建立一個強而有力的生產機構。委員會的多數成員雖然精力充沛，但沒有什麼科學判斷力。這個委員會成了刺進佩內明德的肉中刺。

儘管有這種種不利條件，研究被迫匆忙進行，但是 V-2 的可靠性、射程和準確性還是逐步改進，並達到了隨時可以大量生產的狀態。在佩內明德南部建立了一座大工廠，生產某些重要零件，並進行裝配。多恩貝格爾開始訓練軍官，並徵募將來在戰鬥中發射 V-2 的士兵。同時，在維也納附近、柏林近郊和腓特烈港有名的齊伯林飛船庫又建起了 3 座裝配工廠。

1943 年 6 月 28 日，黨衛隊頭子海因里希·希姆萊驅車到佩內明德視察。他要看一看當時 V-2 計劃的進展情況，這是蓋世太保首領第二次來佩內明德。多恩貝格爾和布朗都擔心希姆萊會給他們製造麻煩，甚至可能會插一手，把這項計劃置於黨衛隊的管轄之下，所以他們小心翼翼接待他。

多恩貝格爾和布朗把希姆萊帶到軍官食堂請他吃飯，彬彬有禮但不鋪張，談話只侷限於表達他們希望火箭計劃能很快列為希特勒最優先考慮的項目，這是高速度發展生產所必需的，這一群人拘謹討論著這個問題，直至第二天凌晨 4 時。

上午 9 時過後不久，希姆萊在前呼後擁之下來到看臺上，觀看第三十八枚 V-2 的發射。這枚約 1 公尺長的 V-2 筆

直豎立在 7 號試驗臺上。倒數計時進行完畢，火箭點火，順利升離發射臺。

當上升至 9 公尺多高時，導彈突然毫無規律翻滾起來，以很低的高度掠過半島，猛烈噴射著火焰，起飛 15 秒鐘後，火箭的內部結構在巨大的張力作用下瓦解，引擎完全關閉，這枚 V-2 便栽到西佩內明德的德國空軍機場上。8,000 公斤重的液氧和酒精在巨大的爆炸聲中燃起大火，停放在機場上的 3 架飛機頓時被炸毀，地面上也炸出了一個直徑達 30 公尺的彈坑。

希姆萊嘲弄地說：「現在我可以回到柏林去，心安理得下令生產近戰武器了。」多恩貝格爾知道，佩內明德已投入了數以億計的德國馬克，他聽了希姆萊的風涼話，覺得很不是滋味。

不到一個小時，汗流浹背的佩內明德工程師，急忙把另一枚火箭從裝配工廠送到了發射位置上。

這一回，火箭完美飛上天空，消失在高層雲中，引擎雷鳴般的轟響聲在波羅的海上空迴蕩了一分多鐘，直至發出無線電訊號使它停止。不久以後，跟蹤站報告，導彈落在 230 多公里外的波羅的海海濱。

希姆萊的臉上毫無表情，但是很顯然，他也被發射的壯觀場面和取得的輝煌勝利打動了，他答應有適當的機會要在

元首面前為他們說句好話。

布朗對獨創性工程的熱情以及領導和管理第一流技術團隊的能力，使 V-2 變成了現實。V-2 問世的意義頗似賴特兄弟發明的飛機。它們有兩個共同點：飛機除了促進國際和平，發展國際民航和繁榮國際貿易以外，還可以用於戰爭；同樣，大型火箭既能幫助人類探索宇宙和發展和平科學，當然此時是準備用於戰爭。

1913 年，齊奧爾科夫斯基曾經說過：「人類不會永遠停留在地球上，但是在研究世界和宇宙太空時，首先將小心翼翼突破大氣層的界限，然後再征服整個太陽系。」布朗從第一次成功發射 V-2 的時候起，就已經認識到這些話所包含的真理。

他回憶起 1942 年 10 月 3 日 V-2 首次發射成功時，同事們是何等激動啊！多恩貝格爾將軍本人說：「你知道我們今天取得的是什麼成就嗎？今天，宇宙飛船出世了！」

但是，當 V-2 的大規模生產就要開始的時候，1943 年 8 月 17 日，英國皇家空軍的 570 多架四引擎轟炸機，在 45 架夜間戰鬥機的護衛下，把佩內明德夷為平地。幾乎與此同時，英國皇家空軍還夷平了 3 家被指定大量生產 V-2 的工廠。一家位於柏林北郊，一家在維也納南面的維也納新城，第三家是康斯坦茨湖畔的腓特烈港著名的齊伯林工廠。

這種空襲表示，高度保密的 V-2 研製和未來生產計劃已為同盟國所獲知，希特勒反應是命令整個火箭生產轉入地下。他指派海因里希·希姆萊手下主管建設的首領、黨衛隊隊長漢斯·卡姆勒去執行這項命令。

卡姆勒執行這項任務的主要條件是他手下管著幾個集中營，從中可以抽出大量勞動力，他用殘酷的手段逼迫那些俘虜進行長時間和高強度的勞動，把哈茲山南面靠近諾德豪森市一座廢棄不用的油庫改建成德國最大的地下工廠，即所謂米特爾工廠。

從 3 家被炸毀的生產工廠找出來的部分機床和裝配設備被運到了米特爾工廠道地裡。俘虜在德國文職工程師和技術人員監督下，開始 V-2 的裝配工作。

由於分散在德國全國各地的零件工廠不斷遭到轟炸，因此裝配線常常因為缺少零件被迫停工，越來越多的零件製造也轉移到米特爾工廠進行。這通常安置在一連串較短的道地裡，它們和兩條主要的道地相連，就像梯級一樣。在這種情況下，米特爾工廠的勞動力逐漸變成為德國僱員和俘虜的混合隊伍。

布朗是佩內明德研製中心的技術指導，而佩內明德距米特爾工廠有 640 公里之遙，他從來沒有負責過 V-2 的大量生產或米特爾工廠的管理。生產定額是由柏林的軍械部定的，

米特爾工廠的管理部門也是由它任命和監督的。

截至 1944 年 7 月 20 日，一些德國陸軍軍官謀刺希特勒失敗之時，卡姆勒和米特爾工廠黨衛隊的作用逐漸縮小，只管理道地外面關著俘虜的幾個集中營，並對俘虜的破壞活動嚴加監視。

米特爾工廠的俘虜絕大部分是從德國占領區抓來的法國、波蘭、南斯拉夫和其他國家的抵抗戰士。在這些混雜的囚犯中，還有一些是因為反對納粹統治而被捕入獄的德國共產黨人，也有從德國監獄轉到集中營來的少數普通罪犯。

米特爾工廠附近有一個集中營叫做「多拉」，這個集中營臭名昭著，20 世紀在西德進行的「多拉戰爭罪行審判」中，這裡的一些黨衛隊軍官和衛兵，以及米特爾工廠的管理人員，被指控犯殺害那些破壞活動俘虜的罪行。

布朗從未被指控與這些殺害俘虜的罪行有牽連，但在審判時被傳去當證人，他證實他聽說過這樣的罪行。

由於 V-2 設計總是在變動，他到米特爾工廠去過 8 或 10 次，通常是每次一天。但在此期間，他從來沒有到多拉集中營或道地綜合體外面的其他集中營去過。

他說，道地裡的工作條件給他的印象和地獄一樣可怕，還說「即使在當時德國已經被打得一敗塗地，正在垂死掙扎的情況下，犯下這種暴行也使他永遠感到羞恥」。

　　戰後很久，因為「探險者 1 號」和阿波羅計畫的成功，布朗的名字成了頭條新聞。有兩三名新聞記者代表法國的一個「多拉集中營倖存者」聯合會，指控布朗本人應對他們在米特爾工廠和多拉集中營所受的苦難負責。

　　布朗說，這些指控使他非常傷心，以前在多拉審判期間，他已經清楚表明，這些指控是不公正的，是沒有實據的。但是他決定不去非難這些記者，因為他們被驅趕到其中的那個醜惡而又不人道的環境，是任何法律也無法為之辯護的。

　　至 1944 年春，米特爾工廠生產 V-2 的速度是每月 300 枚，後來又一度達到月產 900 枚的高峰。起初生產出來的 V-2，大部分用於多恩貝格爾的訓練計劃，其餘的分配給佩內明德，用於試驗、改進控制設備和其他類似工作。

　　當時關於 V-2 最熱烈的爭論之一是有關火箭即將應用於實戰的問題。包括布朗在內的佩內明德工程人員認為，除非有防炸彈的混凝土設施，旁邊還有複雜的修理和試驗設備，以及大量的專業技術人員，否則就無法在戰鬥中成功的發射。

　　多恩貝格爾極力反對這一基本觀點，理由是：儘管混凝土設施的頂部很厚，但是在投入使用之前就會被敵機炸得精光。多恩貝格爾認為，要建立起 V-2 的作戰能力，更聰明

的辦法是用機動兵器群的形式，由受過良好訓練的軍事人員操縱。

多恩貝格爾不顧技術人員幾乎一致的反對，堅持這種方法，取得了意想不到的成功。

火箭用特別設計的炮底架運到發射地點，這種地點通常在密林裡，把火箭豎立在輕便管狀臺上，用特別油槽車加注燃料，人在一輛裝甲車上進行發射。裝甲車用鐵絲網圍護成一座「流動碉堡」，停在距離導彈大約 150 公尺的地方。

多恩貝格爾的預言得到了證實：要在作戰中取得更大的成功，必須使用這樣的人，他們經過嚴格訓練，但是對火箭技術的更深奧問題是比較不熟悉的。

他常說：「叫那些科學家們離開火箭吧，我們不會有任何問題。」

被納粹逮捕

隨著第二次世界大戰進入到關鍵期，V-2 的軍事重要性與日俱增，它的影響也被擴大到納粹黨政治中去。

「在 1944 年初之前，我一直成功避免了捲入任何政治圈套，陸軍用檢查安全出入證的辦法，有效防止了對佩內明德的政治干擾，出入證乾脆不發給不必要的參觀者。」布朗說。

這時卡姆勒開始認為他自己也是一個火箭專家，因為他

曾用集中營的人挖成了米特爾地下工廠。卡姆勒開始對當時佩內明德的營地司令官萊奧・燦森攻擊。燦森是一個虔誠的羅馬天主教徒，守舊派的職業軍官。

他一直阻止納粹黨企圖控制佩內明德得到的一切努力。蓋世太保向燦森的上司多恩貝格爾報告，說他們掌握了一份關於燦森的檔案材料，清楚表明他是一個危險人物，同時還送來了一份調換燦森的命令。

多恩貝格爾機智按照這份命令的字面意義執行，任命燦森當他的助手，在柏林負責 V-2 計劃，多恩貝格爾自己則接管佩內明德的最高指揮權。這樣一來，他本人就向他自己的副手報告工作，蓋世太保不想跟柏林的陸軍最高司令部較量，所以也就不去理燦森了。另一方面，卡姆勒則不敢誹謗多恩貝格爾，因為沒有他的合作，卡姆勒就達不到自己的目的。

從 1937 年春起，布朗當上了佩內明德陸軍研究機構的技術指導，同時也就成了卡姆勒蓄謀插手佩內明德的第二個靶子。

1944 年 2 月，布朗接到──個電話，要他向東普魯士的海因里希・希姆萊司令部匯報工作。他心驚膽顫走進希姆萊的辦公室。據布朗說，希姆萊確實是一個大惡棍，殺人不眨眼，但是表面上卻彬彬有禮，很像一個鄉村小學教師。他們

的對話是這樣開始的：

> 「我希望你能認識到：你的 V-2 火箭已經不再是一種玩
> 具了，」希姆萊說道，「全體德國人民都迫切等待著這
> 種神祕武器……至於你，我可以想像得到，陸軍煩瑣
> 的公事一直嚴重阻礙著你的工作。為什麼不到我手下
> 來工作呢？你一定知道，沒有一個人能這樣容易見到
> 元首。我可以比那些墨守成規的將軍們給你更為有效
> 的支持……」

「總監先生，」布朗回答道，「我再也找不出比多恩貝格
爾將軍更好的領導人了。現在我們的工作仍然遲緩的原因是
由於技術上的問題，而不是煩瑣的公事。你知道，V-2 就像
一朵小花，要使它盛開，需要陽光、適量的肥料和一位細心
的園丁。我擔心，你現在的計劃就等於灌注大量的糞水！你
知道，這可能澆死我們的這朵小花。」

對這個比喻，希姆萊冷笑了一下，並且轉換了話題。幾
分鐘後，他很有禮貌辭退了布朗，但布朗感覺到他的禮貌完
全是虛偽的。布朗回到佩內明德繼續工作。希姆萊以他自己
獨一無二的，也是到目前為止最有效的方式對布朗攻擊。

1944 年 3 月 15 日這個寒冷的冬夜，在奧得河邊的施韋
特，多恩貝格爾住處的床邊電話凌晨就響了。通話者是步兵
將軍瓦爾特．布勒。布勒將軍現任陸軍參謀長，當時在貝希
特斯加登元首司令部的武裝部隊最高指揮部工作。他傳話多

恩貝格爾必須立即去和陸軍元帥凱特爾晤談，在貝希特斯加登已經為他安排好了住處。

他和他的司機乘坐奧佩爾旗艦牌轎車，於上午 8 時離開施韋特，在約阿希姆塔爾駛上公路幹線，途經柏林、霍夫和慕尼黑前往貝希特斯加登。由於暴風雪冰封道路，加上前一天晚上慕尼黑遭到猛烈空襲所造成的大混亂，他們在路上耽擱了，所以下午很晚才到達貝希特斯加登。他打電話給布勒，布勒表示要在自己的房間裡和他談話。

一分鐘之後，他告訴多恩貝格爾：「布朗教授和兩名工程師，克勞斯‧里德爾和赫爾穆特‧格勒特魯普，因破壞 V-2 計劃，於今天早上 8 時被捕並遭送斯塞新。」

多恩貝格爾無法相信自己的耳朵，這不可能是真的！布朗是他最好的人，他和布朗親密共事達 10 多年。他相信自己比任何人都更了解布朗。布朗日夜操勞，把全部心血和精力都獻給了 V-2，現在卻說他破壞 V-2 計劃而把他逮捕，這令人難以置信！還有克勞斯‧里德爾，他以不屈不撓的熱情和對軍事需要的卓越理解力設計出整個地面機構，他是他們最忠實的追隨者之一！還有格勒特魯普，他是施泰因霍夫博士的副手！他們全都被捕了，這簡直是大混亂！

多恩貝格爾問道：「他們被控告犯了什麼罪？」

「明天元帥會親自告訴你。」

　　他一夜不曾闔眼，第二天早上9時去見凱特爾。這位陸軍元帥很快就在辦公室裡接見了他。「你已經聽說布朗、里德爾和你的另外一個人，昨天早上被蓋世太保逮捕了吧？」

　　他點了點頭，沒有說話。「被告的問題很嚴重，非逮捕不可。這幾個人很可能要喪命。他們身居要職，怎麼會說出那樣的話來呢？我實在不能理解。」

　　多恩貝格爾馬上次答道：「閣下，我不知道他們每個人被控犯了什麼罪，但是我可以替布朗和里德爾擔保。至於格勒特魯普，我不是很了解，他的案子，我需要聽一聽控告的具體內容。」

　　凱特爾顯出十分驚訝的樣子。「你要用你自己的性命為這些人擔保嗎？你竟然馬上就下定決心！」

　　「閣下，我毫不猶豫支持我最親密的同事。」

　　凱特爾嚴肅地說：「你的『最親密的同事們』在青諾維茨一起聲明，他們從來沒有打算把火箭發展成戰爭武器；他們是在你的壓力之下從事全部研製工作的，目的只是為了賺錢去做他們的實驗，證實他們的理論；他們的目的始終是宇宙旅行，這些你都知道嗎？」

　　原來如此！「不過，我還是要為他們擔保。在佩內明德介紹技術表演的時候我自己常說，我們的 V-2 研製工作，只是向一個新的技術時代 —— 火箭時代，邁出的試探性第一

步。我曾經多少次堅決認為，現在實現人類歷史上這一轉折的時機已經成熟！我們已經為宇宙旅行指明了道路，我們已經為實現宇宙旅行的可能性提供了證明。如果我的人重複這些詞句就算犯了破壞罪，那麼我也應該被逮捕了。」

凱特爾解釋道：「這些人靈魂深處所想的一直是宇宙旅行，結果沒有把他們的全部精力和能力都用在戰爭武器的生產上，這一事實就說明他們有戰爭破壞罪。」

「這些人的被捕將會毀掉整個計劃，尤其是當火箭就要投入使用，而我們又還沒有找出最近發生故障的原因的時候。這一定是發生了什麼不可理解的誤會或錯誤了。」

凱特爾再一次聳了聳肩膀，「對此我無能為力，這件事是希姆萊親自處理的。」

「閣下，佩內明德的全體軍人和文職人員都是受軍法約束的，佩內明德是在軍事管轄之下，應該立即從蓋世太保手中把這幾個人提過來，轉為軍事拘留。」

「現在正在調查之中，我不能干涉，但是我可以從反諜報機關裡派一個觀察員去出席審訊，他將直接向我報告，你認為這些人的被捕會是一個重大的損失嗎？」

「閣下，我希望記錄在案：如果這些逮捕繼續有效，研製工作的完成會有問題，火箭在戰場上的應用就要無限推遲。」

「你真的認為後果將會如此嚴重嗎？」

「在這個階段，布朗和里德爾是實現火箭計劃最重要的人；格勒特魯普也是電氣方面不可缺少的人，他是電氣部門領導人的常駐代表。為了這個計劃，我有責任要求立即釋放這些人。」

「理智點！沒有希姆萊的同意，我無法釋放他們，我還必須避免他們懷疑我在這些事情上不如蓋世太保和希姆萊熱心，在這裡的處境你是知道的，我受到人家的監視，一切行動都受到注意，他們只不過是在等著我犯錯誤，如果我也必須離開的話，軍官團將會失去它和元首之間的最後的中間人，失去施加任何影響的最後機會，到那時黨衛隊和希姆萊就會成為唯一的統治者了。」

「閣下，我可以去見希姆萊嗎？我有責任向他表明我的觀點，並且要求釋放這幾位先生。」

「我打電話給他。」

凱特爾打電話給希姆萊的副官，問他多恩貝格爾能不能晉見希姆萊，講明了打電話的原因，他們等了一會，答覆來了。

希姆萊拒絕接見，他說多恩貝格爾必須向柏林的黨衛隊總部提出請求，而且要去找黨衛隊的恩斯特·卡爾滕布龍納將軍。

第二天上午 11 時，多恩貝格爾在他的參謀長特姆中校陪同下，來到柏林市阿爾布雷希特親王街的黨衛隊保安總局。這座樓梯已經被炸彈炸得破爛，灰泥從屋頂和牆上剝落下來，窗戶被炸得粉碎，門板已經掉下來。破壞更嚴重的地方則用木板堵住。

卡爾滕布龍納不在，他們見到了黨衛隊分隊長米勒。他是一個不引人注目的警官，容貌不會給人家留下什麼印象。他背靠著窗戶坐下來以後開始講話：「你就是多恩貝格爾將軍嗎？我聽說過許多有關你的事情，看過不少有關你的材料，我想你是來談有關佩內明德的事情吧！」

「是的，我要求立即釋放莫名其妙被保安處逮捕的那幾位先生，為了我的要求，我要詳細的說明……」

米勒打斷了他的話。「對不起，首先這些先生並沒有被捕，只是因為斯塞新的警察長官要對他們進行訊問，所以對他們實行保護性拘留。其次，保安處與此事絕對無關。到了 1944 年，作為一名現役將軍，你一定會知道，保安處和蓋世太保之間的區別。」

「將軍，我一生從來沒有和他們密切接觸過，所以我不知道他們之間的微妙區別。對我來說，蓋世太保、保安處和警察都是一回事，逮捕也好，或者像你所說的保護性拘留也好，對他們來說都是一樣的。」

　　這位黨衛隊將軍開始威脅多恩貝格爾，說他們掌握了他的大量「檔案材料」，接著是一場激烈的爭論。最後，多恩貝格爾詳細告訴米勒，這些被捕的人已經做了些什麼工作，還有些什麼工作要做，以及為了不致讓整個計劃遭到破產，必須立即釋放他們的道理。米勒靜靜聽著，眼睛一動不動盯著多恩貝格爾。

　　他拒絕在初步調查之前就承擔任何義務，並聲稱他手頭一點文字材料也沒有，他答應簡要向卡爾滕布龍納說一說，催他抓緊辦理這件事。多恩貝格爾要求他對斯塞新方面緊急施加壓力，他答應照辦。接著，多恩貝格爾要求允許他到斯塞新看被捕的人，米勒表示同意。

　　談到這，多恩貝格爾就告辭了，他前往斯塞新。幾天之後，他和在最高統帥部反情報部管事的克拉羅特少校密切配合，設法把布朗轉移到施韋特，然後完全釋放。在斯塞新的時候，多恩貝格爾在晚上還帶上一大瓶白蘭地去看望布朗。

　　過了不久，他又歡迎里德拉和格勒特魯普回到他的辦公室。後來發生了 1944 年 7 月 20 日的政變，不久 V-2 又投入使用，這個案件也就不了了之。

　　多恩貝格爾後來才知道，這些人的被捕是由於特務告密。希姆萊第一次視察佩內明德以後，他的特務機構在鄰近的青諾維茨小鎮居民中安插了特務。顯然，特務把注意力集

中在他們身上，而不是監視當地的居民和陌生人，他們斷章取義，把布朗他們的話加以歪曲，使人家聽起來像是有叛國罪。

據布朗回憶，在青諾維茨的雞尾酒會上，他講的話的確曾使一位女醫生聽得入迷，那些話可能被解釋為：似乎 V-2 並不是要作為一種戰爭武器的，研製 V-2 時他一心想的是宇宙旅行，對 V-2 即將用於軍事作戰感到遺憾。

「那個女人，」布朗說，「顯然是一個蓋世太保密探。無論如何，我是坐了兩個星期牢，還在監牢裡過了我的 32 歲生日。老天爺知道我是多麼感激多恩貝格爾把我救了出來。感謝上帝，我沒有受到拷打，沒有被槍斃 —— 蓋世太保一直是這麼做的。」

其實，黨衛隊對布朗所下的判斷，遠不止是犯了破壞罪。他們認為，布朗有一架飛機，隨時準備帶著重要火箭資料飛往英國。這一點很難反駁，因為他經常使用一架屬政府所有的小型輕便飛機「梅塞施米特颱風號」，他自己駕駛著這架飛機到德國各地辦公事，他怎麼能證明自己沒有叛國意圖呢？

成果被用於戰爭

漢斯・卡姆勒博士對佩內明德的險惡用心一直未能得

製造火箭

逞，直至 1944 年 7 月 20 日一部分陸軍軍官謀刺希特勒失敗
以後，黨衛隊才轉下坡。

　　為了挽回敗局，希特勒極力施壓，命令盡快將 V-2 投入
戰爭。當時，V-2 已接近軍事應用階段。被提升為黨衛隊將
軍的卡姆勒在幕後運動，使多恩貝格爾的任務降為監督 V-2
部隊的裝備和訓練，他就失去了軍事單位的控制權。

　　為了測定火箭的準確性及其彈頭的破壞力，早在 1944 年
夏，大規模的 V-2 運行試驗就開始了，試驗是在波蘭南部的
一個荒涼地區進行的，在那裡設立了觀測站、探測裝置和跟
蹤基地。每天大約發射 10 枚帶有裝藥彈頭的導彈。導彈連開
始發射以後不久，據報告，差不多 60％的火箭在距離彈著點
大約兩、三公里的空中便爆炸了。

　　「我立即帶領一個鑑定人員團隊離開佩內明德，按照多恩
貝格爾的建議，在目標地區的正靶心上建立了指揮部。」布
朗說。

　　「多恩貝格爾馬虎推斷，這肯定是最安全的地點，我到達
的時候，他自己已經在那裡了，但有一天，我恰好站在一片
開闊地上，看著塔頂的時間指示器，指示器上預告，即將有
一枚火箭到達目標地區，我抬頭看著火箭即將飛來的方向，
只見一道淡淡的導彈白雲尾流朝我飛來，我嚇壞了！我幾乎
來不及臥倒，就被一聲雷鳴般的爆炸掀起來，掉在附近的溝

裡，沒有受傷。彈著點離我還不到 100 公尺，爆炸的彈頭沒有把我炸得粉身碎骨，真是奇蹟。」

就這樣，布朗差點被他自己的火箭武器殺死……

1944 年 9 月 8 日，德國部隊從荷蘭海牙郊外發射了第一枚用於實戰的 V-2 導彈。發射後不到 6 分鐘，即下午 18 時 43 分，這枚帶有 900 公斤炸藥的火箭，在離倫敦很近的泰晤士河畔爆炸，造成嚴重破壞。

於是舉世皆知的軍事火箭最引人注目的應用開始了。10 天內德國部隊向倫敦投了 26 枚 V-2。

德懷特‧艾森豪將軍寫道：「當時似乎可能發生這樣的情況，如果德國人提早 6 個月完善並使用這些新式武器，我們要進入歐洲將是極端困難的，甚至不可能的。」

約 14 公尺長的 V-2，直徑將近 1.7 公尺。裝上全部推進劑的發射重量大約為 13 噸，引擎產生的推力為 25 噸。大約 69% 的導彈重量是液氧——酒精燃料。

V-2 從歐洲大陸的發射場到倫敦，飛行時間一般是 5 分多鐘。大約在 35,000 公尺的高度上，燃燒就結束了。接著火箭開始做快速無聲的慣性飛行，達到 90,000 公尺的最大高度，切斷推力以後的速度是每秒 1,600 公尺左右。V-2 擊中目標時的速度是每秒約 800 公尺，比多數來福槍子彈都要快，當時還沒有研究出攔截的方法。

　　因為在佩內明德的大空襲中死了不少人，所以第一次用 V-2 襲擊倫敦以後，佩內明德火箭專家們不能說沒有受到復仇情緒的影，但是布朗說，大家也感到很懊悔，因為 V-2 原來是設想做為月球飛行的頭一步的，但卻參與了戰爭的殘忍。

　　從 1944 年 9 月 8 日，V-2 首次轟炸倫敦到 1945 年 3 月 27 日最後一枚襲擊肯特郡的奧爾平頓，德國共向英國本土發射了 1,115 枚 V-2。而射向同盟國其他國家和地區的 V-2 一共有 6,000 枚以上。英國的資料表表示，2,742 人被 V-2 炸死，6,467 人受傷，經濟上的損失也非常大。

　　早期生產的 V-2 性能還很不理想。從 1944 年 8 月 16 日至 1945 年 2 月，提供給野戰部隊的 V-2 有 3,000 枚，在起初檢查的 1,000 枚中，339 枚有缺陷，必須退回工廠。發射的 661 枚中，大約有 5%或者飛不起來，或者起飛後打滾，有些甚至在發射臺上爆炸。

　　1944 年 10 月以後，作戰部隊所收到的導彈有 85%成功發射出去，所有這些導彈都到達目標附近，但是只有 20%到達特定目標附近 2,000 公尺之內，到達目標前在半空中爆炸的也還占了一定比例，它們雖然也有相當的破壞力，但是沒有充分發揮出效能來。

　　由於諾曼第登陸成功，在英吉利海峽沿岸不可能發射。

按照軍方的要求，佩內明德研製團隊的工作開始轉向研製射程約為 600 公里的有翼 V-2，即 A-9，這種火箭成了高度優先的軍事需求。

至 1944 年秋，因為大多數德國人都已經被徵調入伍，要想得到需要的人力已經不可能了。在無計可施的情況下，最後只好把外國工人、政治犯和戰俘全用上去，由熟練的德國僱員對他們監督，在完成大部分裝配工作的米特爾工廠，10,000 個勞工裡面有 9,000 個是外國人。

實際上，此時布朗並沒有配合刻不容緩的緊迫戰爭需要，他研製火箭時始終考慮怎麼把研究成果應用到未來的航天事業上，他甚至列出了一個宏偉的長遠計劃，最終目標是載人太空航天器。

「在我們的一些 A-9 的未來計劃圖中，用一個增壓的座艙取代彈頭，還有一個三輪式起落架，」布朗說。「因為我們最近和蓋世太保進行近乎致命的較量，所以這些圖樣對一切外來參觀者保密。我們計算，A-9 可以載著一個飛行員，在 17 分鐘內飛行 600 多公里的距離。它可能像 V-2 一樣垂直起飛，然後像滑翔機一樣在一條中等長短的簡易跑道上著陸，可以說是今天的航天飛機的先驅者。」他笑著回憶道，「根據國家的緊急情況，這些未來的設想應該是把 A-9 設計成急需、射程更遠的導彈。我們甚至把它命名為 A-4B，以便讓它

得到 A-4 這個高度優先項目的各種好處。」

布朗表示，如果把載人 A-9 作為第二級，安裝在 A-10 火箭助推器頂上，它可以成為一架能飛越大西洋的超音速火箭飛機，這就是 A-9 至 A-10 計劃一個最迷人的地方。

雖然布朗在腦子裡還不斷考慮著另一種更大的助推器，這種助推器按順序應命名為 A-11，但是除了設想以外，他不敢超出 A-10 的範圍。A-11、A-10、A-9 組合將成為正式的三級太空船，只要稍加改進，這種組合就可以很容易把 A-9 飛行員投入繞地球的永久衛星軌道。

布朗認為，這離永久衛星站的設想只不過是一步之遙。「把 A-10 改裝成有翼的末級，」布朗在 1945 年被俘後對美國調查人員這樣說道，「把 A-11 改裝成三級飛船的第二級，然後再加上一個真正大型的助推器，也許就叫做 A-12。A-12 的推力不少於 12,000 噸。它可以使有翼 A-10 達到衛星速度，但是這一下可不光是一個飛行員了，而是有效載荷大約 30 噸，許多這樣的太空船定期往返於軌道和地球之間，就可以把人員和大量物資運到宇宙，在軌道上建立永久的航空站。」

戰爭結束時，佩內明德的計劃大致是這樣的：

自動遠程單級火箭，即 A-4、V-2；自動遠程滑翔導彈，即 A-9；載人遠程滑翔導彈，即 A-9B；自動二級加速滑翔導

彈，即 A-9、A-10；高超音速二線加速滑翔飛機，即 A-9B、
A-10；不載人衛星；飛往衛星的載人火箭；載人衛星；自動
太空飛行器；載人太空飛行器。

1944 年底，蘇聯軍隊從東邊進入德國，離佩內明德火箭
中心不到 160 公里。同盟國軍隊在阿登摧毀了德國的最後一
道防線，迅速地從西邊湧進來。

V-2 野戰部隊被迫從荷蘭和法國北部的發射陣地後撤，
他們的戰鬥行動隨之中斷，由於東西兩邊都遭到圍困，分包
商的工廠損失越來越大，導彈生產不斷受到阻礙。

外國來源完全斷絕之後，重要原料的供應處於絕望狀
態，因為缺乏原料和人力，甚至旨在改進 V-2 的研究和發展
工作的效率也變得很低。儘管做了很大努力，臨時湊合著做
不可能做到的事情，是十分艱難的。

佩內明德的士氣降到了最低點，形勢非常嚴峻。1944 年
12 月 12 日，佩內明德正式成立了「人民武裝部隊」，精疲
力竭的工人和工程師，在已經很少的業餘時間中還要接受近
戰和巷戰訓練，並接受命令建設和保衛街壘，每星期 3 次，
一共 4 小時，官方試圖用頒發十字勳章和其他勳章的辦法來
勉強維持僱員的士氣。

到 1945 年 1 月底，蘇聯軍隊直接威脅佩內明德，他們
做好準備，凡是不能撤退的東西都要毀掉，他們盡一切努力

不讓蘇聯軍隊獲得有助於重新製造 V-2 的任何情報,文件和圖紙也準備毀掉。他們把裝有酸和黏性油的容器放在適當的地方,一旦流出來就會淹到那些檔案上,二者混合即可引起燃燒。

計劃向美國投降

　　1945 年 1 月的最後幾天,布朗召開了隱密的高級人員會議,會議在一所農舍裡舉行的,他們開會時,可以聽到遠處蘇聯軍隊的炮聲,但是和蘇聯軍隊大砲比起來,他們更害怕的還是蓋世太保會聽到這次會議的風聲。

　　「德國已經戰敗了,」布朗說道,「但是我們不要忘記,首先成功到達宇宙的是我們團隊,我們向來相信人造衛星、月球飛行和星際旅行。因為相信火箭在未來的和平時期有偉大的發展前途,我們遭受了許多艱難困苦,現在我們有一個義務,每一個戰勝國都會想要我們的知識,必須回答的問題是:把這一份財產交給誰?」決定是一致的,沒有一個人反對,他們全都贊同向美國投降。

　　負責保衛這個地區的陸軍部隊將軍命令他們放下工具,參加人民衝鋒隊,誓死保衛國家的每一寸土地。

　　負責德國火箭技術和工業工作的柏林軍械部,指示他們帶上最重要的研究設備,轉移到靠近哈茲山脈一個叫做布萊

歇羅德的小鎮，並在那裡繼續進行工作，他們很高興，因為
這可能使他們處於美軍必經之途。

　　但是他們能否經過那位要求他們參加作戰將軍的後方地
區，卻大成問題。布朗很快查明了情況。在他坐小汽車迅速
前往柏林返回佩內明德的路上，在一個設置路障的地方，一
位軍官回答了這個問題，「本地區不再允許民用車輛通過」
他說。

　　「他和我像兩隻狗似的對峙著，」布朗回憶道，「他顯
然不太了解佩內明德，但是他接到的命令是清楚的。我對他
說，我們接到的命令也是不含糊的，我談到我們的奇妙武
器，談到軍械部嚴令我們轉移到德國中部一個更安全的地
方，以保證最後的勝利。這個轉移計劃將動用兩列火車和大
約 1,000 輛卡車、汽車。」

　　「這個計劃叫什麼呢？」他問道。

　　「我們稱之為特別部署計劃。」布朗回答道。

　　「你們的車輛，窗戶上要有標籤和記號，」他最後回答
道，「我將授權手下，讓你們通過。」

　　布朗想像中的計劃，德文首字母是 VZBV，意即特別部
署計劃，他們把每一輛卡車和汽車都塗上了這個標記，而且
還縫在臂章上。

　　德國正在崩潰中，同盟國節節勝利，布朗則四處奔走，

083

忙於進行一次幾乎是不可能的撤退，不管有什麼危險，不管要付出什麼代價，必須在幾天之內，如果不是幾小時的話，把全體人員和智囊團、大量的技術報告、設計圖、專利品、藍圖和工程圖紙撤出來。

布朗的工作衝勁向來是出眾的，現在仍然如此。他自己也承認這一點：「我要不是這樣的話，我想我腦袋就會不管用，我就會退化……」

但是在佩內明德進行撤退的那些日子裡，那種緊張和勞累，甚至連布朗也承受不了。

根據軍械部的命令，布萊歇羅德鎮成了他們新總部，各個部門和實驗室安置在不同的建築裡，這些建築物多數是屬於戰爭期間倒閉的工廠。他們借助於自己制定的緊急命令徵用了這些設施，這些緊急命令憑當時仍然是高度優先項目的V-2獲得了合法性。

總人數近 5,000 人的團隊，在極端困難的情況下轉移，由於鐵軌遭受破壞，橋樑被炸毀，本來已經開得很慢的運載人員的列車，一再被空襲所阻滯。

缺乏住房是一個大問題，原來由先遣隊指定作為僱員及其家屬住房的建築物，後來又被徵用作為應急醫院，所以許多人只好和他們的家屬住在小鎮外圍的村子裡。

2 月初，布朗到他一個親戚的農莊去，向他的表妹瑪麗

亞‧馮‧奎斯托普告別,當時她已經坐在行李箱上,準備到靠近荷蘭邊界的一個地方去,他對她十分愛慕,然而這時他沒有說什麼情意纏綿的話,因為那是一個絕望的時刻。

第二天,布朗的滿載人員、供應和設備的特別部署計劃護送車隊開始向南轉移,他們在轉移期間白天黑夜都忙個不停,沒有一個人能得到充分的休息,因為護送車隊經常受到同盟國飛機的襲擊,火箭專家們只能在夜間行動。

有一天半夜驅車疾馳時,布朗的司機因疲乏過度,在方向盤後面睡著了,布朗坐在司機旁邊也酣然入睡,汽車高速衝出路堤,接下去所發生的事情,布朗能記得起來的是,他在醫院的病床上恢復了知覺,身上青一塊紫一塊,多處受傷,有一邊的肩膀粉碎性骨折,左臂折斷兩處。要是在平時,他會決定在醫院裡住上幾個星期。但是布萊歇羅德地區需要他,從佩內明德撤出來的幾千名人員迫切需要他。

此時,儘管德國已全面陷入困境,V-2 計劃生產困難,但是德根科爾布的生產計劃仍然要求到 1945 年 9 月每月生產 600 枚火箭。除此之外,他們還期望他能制訂一項應急計劃,以解決 V-2 的兩個遺留問題:如何提高準確性和防止過早的空中爆炸。

3 月初,蘇聯軍隊進占佩內明德,並向柏林挺進。20 日,美國軍隊占領哈茲山和諾德豪森附近的米特爾工廠,使 V-2

的生產完全停頓，但是布朗和他的導彈科學家及技術人員，已經被德國黨衛隊從布萊歇羅德據點移到慕尼黑南面的地區了，種種跡象表示，黨衛隊準備把他們消滅掉，以防他們被同盟國軍隊俘獲。然而事態進展很快，納粹來不及執行這項計劃。

1945 年 3 月 15 日，多恩貝格爾和布朗接到黨衛隊總部發來措詞嚴厲的命令，要求銷毀從佩內明德撤到布萊歇羅德的一切有關導彈計劃的祕密文件，防止被敵人繳獲，但他們都不願意這樣做。

布朗因為車禍受傷還不能工作，多恩貝格爾擔負起執行特殊任務的責任，執行這項任務必須避開黨衛隊虎視眈眈的監視。他指示佩內明德的兩名主要工程師，他們也是布朗的最親密的同事，把材料裝到幾輛大型帶拖車的卡車上，運到哈茲山中德恩滕鎮附近一個廢棄的礦坑去。

到了離礦坑大約還有 5,000 公尺的地方，把所有的司機和衛兵都打發走，只留下兩名可靠的工程師迪特爾・胡策爾和伯恩哈德・特斯曼，在幾個礦工幫助下，繼續把車子開進礦坑，文件被卸在礦坑裡，然後炸毀入口處，把資料封閉在裡面。1945 年 4 月底，占領哈茲山的美國陸軍找到了這個礦坑，發現了這些隱藏的箱子。

哈茲山南面地區當時的土皇帝是黨衛隊將軍卡姆勒，他

依靠他管轄下的集中營犯人的幫助,炸出米特爾工廠道地的時候,曾經使用過殘忍的手段對待那些人,他預料同盟國軍隊可能會絞死他,於是他決定為保住自己的腦袋討價還價。

卡姆勒準備把布朗和他的團隊作為人質。他對布朗說:「你去挑選 500 名主要人員,要他們準備好明天上我的特別列車。不許帶家眷,我要把你們送到你們可以繼續重要的工作而又不必擔心受到侵擾的地方去。」

淒涼的離別場面慘不忍睹,家庭被野蠻拆散了,挑出來的 500 人被送到阿爾卑斯山麓靠近奧伯拉梅爾高的一個德國軍隊營房去。「風景絕佳,」布朗說,「營房也很舒服。只有一道障礙 ── 我們的營房四周有帶刺鐵絲網圍著。」

不久,這 500 人全都意識到,他們是被卡姆勒作為人質扣留起來了。如果同盟國不願意交易的話,他們就會被殺害,布朗開始想辦法使這一陰謀不能得逞。

布朗看到同盟國的飛機轟炸掃射,就找那位負責奧伯拉梅爾高軍營,處於極度緊張不安之中的黨衛隊軍官,布朗說:「要是有一顆炸彈落在這個軍營裡,就會毀掉我們的整個武器計劃,你是要負責的。」他建議把比較重要的科學家分散到附近的村子裡去,這樣,空襲就不可能一下子把所有的工作人員都炸死。

「我受命支持你們的工作,我要對你們負責,」黨衛隊軍

官圓滑地說，「如果你們住在外面，我就沒有辦法行使我的職責。」

「好，那不是問題，」布朗微笑著答道，他在離開布萊歇羅德以前，曾經悄悄命令大約 20 名佩內明德老司機把卡車、汽車和足夠的燃料從哈茨地區開到奧伯拉梅爾高來，以便重要的研究工作能夠繼續下去。

布朗答應給那個黨衛隊軍官一輛私人小轎車和他所需要的全部汽油。第二天，黨衛隊把科學家們分小組護送出鐵絲網，住到周圍的村子裡去。

「遺憾的是，美國軍隊離我們好遠，」布朗回憶道，「巴頓將軍油箱裡的汽油顯然比我們還少。在那幾個星期中，形勢十分危急，誰也不知道黨衛隊下一步要做什麼，甚至連我們的食物供應也成了一個十分頭痛的問題。」

「我是鼓勵大家逃跑的，我感到自己有責，但是我由於車禍受傷，走動還很不方便，我的胸部和左臂都用石膏繃帶包著，於是我的同事們在我們所採取的勇敢行動中首當其衝。」

「有一天，我很高興聽說，我的好朋友恩斯特·施泰因霍夫博士已經成功說服了黨衛隊的看門狗，使他和仍然在哈茨地區的卡姆勒割斷了關係『你想，要是美國人來了，你穿上便衣，裝成是一個工程師，會不會比穿制服安全些？』他這

樣問他。這話果然起了作用。」

「從此以後，與其說我們是那位黨衛隊軍官的俘虜，倒不如說他是我們的俘虜。德國軍隊倉庫裡還堆滿著食物等待著再也沒有下達的陸軍命令，我們共同採取了欺騙行動，再次把那些神祕但是十分有效的特別部署計劃標籤貼在卡車上，重新亮出在佩內明德時曾給我們幫過大忙的、享有最高優先權的命令，像蝗蟲一樣從一個軍用倉庫飛到另一個軍用倉庫。這辦法果然奏效。我們運走了好幾噸食物，分發給那500人。」

但是布朗本人需要的不止是食物，他操勞過度，急需醫療護理。很顯然，如果他繼續忽視自己的斷臂傷肩，將會發生嚴重的併發症。他所選擇的醫院，是以成功治療滑雪者和登山運動員的四肢骨折著名，這家醫院的外科主任說：「你需要動兩次手術，間隔大約 4 天。」

外科醫生拿掉石膏繃帶，把骨折處打開。布朗躺回床上去時，醫生對他說：「不要動，在進行第二次手術以前，我不給你上石膏繃帶。」

布朗躺在床上，動彈不得。為了解悶，他只能收聽德國廣播電臺的廣播。他得知，巴頓將軍的第三軍又開始前進了。即使不聽廣播，各種跡象也已經有足夠的說服力，同盟國的戰鬥機和轟炸機日夜不停地在頭頂上轟鳴，炸彈落在醫

製造火箭

院周圍，重病床被轉移到地下室去。

　　但是一隻手臂骨折，即使沒有上石膏繃帶也很痛，可還是算不上重病。在空襲過程中，他只好躺在醫院病房裡，眼看著炸彈擊中附近的建築物，束手無策等待空襲結束，這真是折磨神經的痛苦經歷。

　　第三天下午，一名佩戴紅十字臂章的士兵走進布朗的房間。「趕快穿好衣服，」他說道，「我給你弄來了一輛救護車。」

　　「是誰派你來的？」

　　「多恩貝格爾將軍。」

　　儘管在陸軍軍官企圖謀殺希特勒失敗之後，多恩貝格爾被迫離開了他的佩內明德的同事，但是他一直關心著布朗團隊的動態。現在他的老同事們需要幫助，他立即採取了行動，布朗幾乎不相信多恩貝格爾就在附近，而且再次來拯救他，一時間他一句話也說不出來。

　　「法國軍隊不到一小時就要到這裡了。」那士兵說道。

　　這句話解決了問題，當他團隊裡的其他人都將被美國人俘虜的時候，布朗自己不想成為法國俘虜。在這種情況下，事態的發展將是不可預料的，他可以想像出他的投降計劃將會遭到怎樣的破壞，外科醫生在幾分鐘內給他的手臂上了石膏繃帶，布朗立即火速驅車前往多恩貝格爾的阿爾卑斯山休

090

養所。

　他們到了奧伯約赫的巴伐利亞休養所，多恩貝格爾將軍沿著小道衝下來迎接布朗。在他後面是 24 個佩內明德老同事和布朗的弟弟馬格努斯。

　布朗終於有機會向他慈祥的朋友介紹整個佩內明德研製團隊向美國人投降的計劃了。

　「你的看法如何？」布朗問道。

　「如果我不相信這是一條正確的道路，你想我會派人去接你嗎？戰爭結束了。把我們的成果交給妥當的人，這是我們對人類應盡的責任。」

　但是多恩貝格爾的前途並不那麼順利，因為 V-2 曾經對倫敦進行過猛烈轟擊，英國人正在搜捕多恩貝格爾，他們要把他作為戰犯審訊。同盟國當時已經在搜捕戈林和其他納粹首領，同時正在計劃著名紐倫堡的歷史性審判。當然，多恩貝格爾對懸賞他腦袋的事一無所知。當時他和布朗只有一個想法：如何盡快找到美國人。

　「在奧伯約赫等待的時候，我們考慮過自己的前途。」布朗說，幾個星期以前，墨索里尼在義大利被游擊隊殺掉了，德國電臺則剛宣布，希特勒在柏林之戰中「英雄般死去」。

　「我最擔心的是我的父母，他們在蘇聯軍隊戰線的大後方，我的哥哥西吉斯蒙德當美軍接管羅馬時，在梵蒂岡城

的德國大使館，人身安全，並由此擺脫了戰爭。至於瑪麗亞，我只知道她的雙親已經準備要撤退到靠近荷蘭邊境的小鎮。」

「停戰公告透過電臺宣布了，我們在寧靜的奧伯約赫滑雪旅館等了三四天，最後決定主動和美國陸軍取得聯繫。在我們當中，我的弟弟馬格努斯英語講得最好，於是我們派他騎自行車下山去安排投降事宜。幾個小時之後，他又上山來了。」

「安排好了，」馬格努斯有些激動說道，「我拿到了6輛汽車的通行證，他們派一個護送隊來，接我們到他們的情報單位去。」

多恩貝格爾將軍馬上把這批人組織好。他們擠進了小轎車，開始駛下陡峭的山坡。

布朗問他的弟弟：「你到底是怎麼聯繫的呢？他們知道我們是從佩內明德火箭場來的嗎？」

「我首先碰到的衛兵當然什麼也不知道，」他回答說，「但是他們打電話給山谷裡的總部，總部的人似乎是接受特別命令來尋找我們的下落的。」

對布朗來說，一年來再沒有比這更好的消息了，他安心靠到他的座位上，他們繞過山脊，布朗看到一輛吉普車，車上的槍對著他的方向。「當心！」他喊道。

馬格努斯說；「他們是護送我們的，在這樣的大雪天，他們盡可能來到最遠的地方接我們。」

布朗又鬆口氣了，事情開始按照他的計劃發展。來自奧伯約赫的這一小批人，向美國第三裝甲師和第四十四步兵師投降以後不久，他終於又和來自奧伯拉梅爾高的那幾百名佩內明德人的其餘部分會合了，這批人很快都在兵營住了下來，在那裡他們受到美國技術情報組的盤問，這些情報組是和理查‧波特博士的搜尋隊合作的，波特在「文件夾計劃」中有著關鍵性的作用，這個計劃旨在網羅可能對美國有用的科學人員和設備。

然而多恩貝格爾被移交給了英國人，沒有被定為戰犯，但他是一名德國陸軍將軍，所以在英國過了將近兩年戰俘生活。

顯然，布朗向美國人投降的意圖，當時只有佩內明德的最高層科學家才知道。1945 年 4 月間，當 V-2 計劃遭到破壞，納粹行將垮臺時，火箭研製團隊中的許多主要成員正在德國各地執行故障檢修任務。

恩斯特‧施圖林格博士是處理大型武器速度測定的積分器組負責人。戰爭結束時，他和他的大約 20 名專家，一起躲在圖林根的威瑪附近。布朗和多恩貝格爾投降以後，他還一無所知。直至歐洲勝利後幾星期，佩內明德的制導和控制部

主任施泰因霍夫博士來找他，他才明白一切。由於理查‧波特的搜尋隊的努力，其他人也都在德國西部各地找到了。

　　幾年後，當年拘留過佩內明德團隊的美軍四十四師三二四步兵團反坦克連官兵談起這次投降的事，他們說那是令人難忘的時刻。反坦克連的人遇到布朗時，他們心裡很懷疑，他除了替鄰居的孩子們放風箏以外，有沒有發射過什麼更有破壞力的東西？在一些美國士兵眼裡，他似乎太年輕太快活了。

　　一位美國中士回憶道：「布朗要不是有多恩貝格爾陪同，他說自己是赫赫有名的 V-2 科學團隊領導人，在一段時間內恐怕是不會有人認真對待的，但是多恩貝格爾將軍的樣子夠兇，足以說明他們兩人的身分。」

　　第四十四步兵師的對外聯絡員回憶起布朗及其一行從山上下來時的情景。「他們的車隊馬達轟鳴，燈光耀眼。眼見這種情況，竟沒有一個激怒的美國狙擊兵認為應該向他們開槍，這對於科學研究來說的確是一件大幸事。」

　　黎明前，他們由第四十四師接收。該師記錄表明，正如布朗清楚記得的，他們是在戰爭結束之前投降的，科學家們和步兵一起待到中午，才被反情報部隊帶走了……

　　因為德國垮臺時情況很混亂，所以反坦克連對布朗更加懷疑，許多科學家為了爭取征服者優待他們，試圖說服美國

審問者相信他們過去是成績卓著的。

在這動亂時期的一個傍晚，當一個「衣衫襤褸」的德國年輕人，見到來自美國威斯康星州希博伊甘的一等兵弗雷德・施奈克特，告訴他 V-2 的發明者就在附近準備投降時，施奈克特是有懷疑的。

「我看你一定是瘋了。」他說，他並不知道這就是那個 V-2 的發明者的親弟弟，但還是把這一消息向他的上級作了報告，經過討價還價達成妥協以後，才安排讓布朗他們於當天晚上透過戰線到美軍方面來。

他們共 9 個德國人。在第四十四師的軍人眼裡，多恩貝格爾將軍是一個瘦軍官，具有「埃裡希・馮・斯特羅海姆型的容貌」，他們以為這位將軍會暴跳如雷，但結果他卻非常溫和，叫他們大失所望。

「布朗對我們的士兵態度和藹可親，像是一位屈尊來訪的國會議員，幾天前他左臂骨折，用石膏繃帶僵硬吊在胸前，這並不妨礙他擺好姿勢，不停和美國士兵合影，這些照片有微笑的，有握手的，有好奇指著人家的勳章的。

他的表現不像是一個戰俘，倒像是一個知名人物，他願意回答一切問題的樣子，很快就透露出，他不僅在佩內明德工作過，而且是它的奠基者和領導人。」

在許多美國兵看來，30 歲剛出頭的人有這樣的成就是很

了不起的。一個步兵說：「我們如果不是抓到了第三帝國最大的科學家，就一定是抓到了最大的騙子！」幾年以後，有一位美國兵說：「第四十四師，尤其是第三二四團反坦克連很高興，因為那位教授是一個真正的天才⋯⋯」

在雙重危險之下度過了漫長而又恐怖的 3 個月，布朗本人和他的團隊既從黨衛隊將軍卡姆勒的人質地位上解脫出來，又安全避開了同盟國飛機不停的雨點般轟炸，現在是布朗平靜快樂的時刻了。

對他來說，一定是把「投降成功」看成為又一里程碑和成就，因為這次投降是他一手計劃的，當他的國家處於戰爭時，他已經作出最大努力，盡了他自己認為是愛國的義務，幫助它取得了強而有力的新式武器。

既然大局已定，這一切已成為過去，他認為自己新的義務是從德國崩潰的廢墟上，把對將來征服宇宙太空極其寶貴的貢獻拯救出來，並獻出他的本領，自願為美國服務。

美國的和平俘虜

在巴伐利亞的投降，確實順利按照布朗的希望和計劃進行。這一快樂的結局，在很大程度上應歸功於一位勇敢而受歡迎的美國軍官的努力，他就是霍爾格・托佛托伊上校。

20 世紀 50 年代後期，托佛托伊是在馬里蘭州的隸屬美

國陸軍軍械署阿伯丁試驗場的將級指揮官，他在美國的火箭
發展計劃和布朗的生活中有極為重要的作用，在亞拉巴馬州
亨茨維爾市民的心目中，他是一個英雄。

戰爭期間，托佛托伊是駐歐洲軍械技術情報組組長，當
時他的任務是及時了解敵方裝備情況，並檢查繳獲的裝備，
他經常受命把繳獲的武器系統、坦克、大砲和車輛樣品運回
美國。

V-2 取得成功以後，同盟國理所當然把它列在要繳獲的
裝備清單之首，當托佛托伊接到華盛頓發來的電報，要求把
作戰用的 V-2 運回美國發射時，他一點也不感到奇怪。

但是當時拿不到作戰用的 V-2，德國人已經把所有能用
的火箭全發射完了，或者在運往發射地點的途中銷毀了。托
佛托伊最大的希望是找到足夠的零件，在美國重新裝配幾枚
導彈，這樣也許可以讓陸軍得到試驗這種可怕的新式武器的
機會。

他被催促搜尋並運回「裝配和發射 100 枚 V-2」的足夠
零件。

托佛托伊已經得到了有關哈茲山地下工廠的情報，哈茲
山大約位於法蘭克福和柏林的正中間。他派詹姆斯·哈米爾
少校帶領一個小組到這個工廠去，並指示他們迅速收集 V-2
零件，以「任何可能的辦法」海運。

出發那一天的早晨，哈米爾站在托佛托伊的辦公桌前問道：「先生，你有什麼指示？」

托佛托伊說：「哈米爾，就把你自己當成是接收這些零件，並且進行裝配和發射的人吧。」他和托佛托伊都沒有想到，幾個月之後，他們會捲入到這項工作中去。

哈米爾少校為了得到這些零件頗費一番周折。當時美國控制下的哈茨地區，即將作為蘇聯軍隊占領區的一部分移交，位於諾德豪森的 V-2 地下工廠就在移交地區之中，因此必須立即把所需要的東西弄到手並且運出來。

有一個連隊進入卡塞爾，任務是從卡塞爾坦克工廠運出老虎坦克；另一個連隊直接進入諾德豪森，完成運出 V-2 部件的任務。

這項任務是非正式的，複雜的情況隨時可能發生。因為按照嚴格的《波茨坦協定》，總統同意不從德國搬出任何工廠，出於這個原因，不可能充分、有效得到其他技術兵種的合作，如陸軍的運輸部隊。結果軍械部隊只好自己開火車，但是任務完成得很好，裝配了一半的導彈及其所缺的零件，一起撤到了安特衛普。

把 V-2 零件從安特衛普運到新奧爾良，用了 16 艘萬噸級貨輪。然後再由鐵路運到新的陸上試驗場 —— 新墨西哥州的懷特沙漠試驗場。

佩內明德團隊藏在奧伯拉梅爾高及其附近，當巴頓將軍的第三軍所屬的第三裝甲師和第四十四步兵師追到他們前面去時，托佛托伊的情報小組向托佛托伊報告，他們遇到了負責德國火箭計劃的幾個高級科學家，這些科學家分成若干小組，分散在該地區的不同地點。情報人員相信，如果工作做得好，他們可以為同盟國獲得大量感興趣的情報。

托佛托伊和布朗見過面以後，建議把這一批實際設計和研製 V-2 的科學家帶回美國，由科技人員進行審問。他感到他們所能傳授的知識，比任何戰地情報組專門收集和錄音的知識都要多。

歐洲勝利後，托佛托伊立即被召回美國，擔任軍械署長辦公室研究發展局火箭處處長的新職務。這件事發生在美國剛決定從事導彈研究之後。在這之前，美國只發展和生產自由飛行火箭也就是無控火箭，如火箭筒和許多其他由彈丸推進的小型火箭。

由於托佛托伊在歐洲的經歷，他被指定負責制訂和執行美國陸軍導彈計劃。在加米施·帕滕基地，德國人和托佛托伊手下的戰地審問者合作得很好，他意識到他們的知識很重要又很複雜，他向華盛頓建議，在這些德國人中挑選出 300 名，送到美國進一步審問。

經過大力催促，建議得到國務院、商務部和陸軍部的共

同批准，總人數減少為 100 名，托佛托伊奉命回德國挑選。

　　他離開歐洲還不到 3 個星期又回到了歐洲，這一次在德國維岑豪森的一座擁擠的小學校舍裡和布朗及其他德國火箭科學家見面。關於他們在美國的前途，他們的遭遇會怎樣，他們將待多久，他不能作任何許諾，但是他發現這些人非常熱情。

　　主要的問題不是這些德國人想不想到美國去，要什麼條件，而是他們的家屬該怎麼辦？托佛托伊無權把這些家屬帶到美國去。

　　德國人指出，德國貨幣已不能用來為他們的家屬提供生活必需品。實際上，在戰爭剛結束後的一個時期內，要在德國生存下去，就得用自己的勞動去換取燃料、食品和其他生活必需品。德國人表示，他們可以修理自行車和收音機、砍伐木材、做其他工作，以交換雞蛋、其他食物或燃料。

　　因此即使得到以德國貨幣支付的薪水，他們也不能把家屬丟下。托佛托伊對這種境況的理解，對這些個人問題的關心，對被拖進這種困難處境的兒童的同情態度，給全體德國人留下了深刻的印象。

　　托佛托伊認為，唯一的解決辦法是在歐洲建立家屬營，他們的生活必需品將由美國政府保證供應，不是作為救濟，而是作為他們工資的一部分。

　　他在鄉村中勘查，找到了 3 個可以作為家屬營的地址，但是美國部隊的將級司令官立即表示，他不能為德國人建立家屬營，但是托佛托伊堅持自己的意見，要求親自向將軍匯報情況，經過一番努力，他終於被允許簡略敘述這件事情的實際情況。

　　他要求把 3 個地點之一作為家屬營，他自己特別喜歡的地點是以前德國騎兵的營房區，將級司令官聽了有關火箭專家和他們對美國的潛在價值的情況介紹以後，同意了他的要求。於是在巴伐利亞的蘭次胡特建立了家屬營。美國醫生將對這些家屬提供醫療照顧，美軍後勤人員賣給他們必要的食物。

　　德國科學家和工程師們認為這是一個很好的解決辦法，儘管他們以前曾經請求允許他們把家屬帶到美國去，甚至提出如果必要的話，他們可以和家屬住在帳篷裡。

　　托佛托伊在把原來 300 人的名單削減為 100 名時遇到了嚴重的困難，實際上幾乎辦不到，所以他最後折中定了 118 名，目的是要有一個具有充分綜合性的團隊，要頭等人才：有創造性的設計師、科學家和那些不但能幫助裝配和發射繳獲的 V-2，而且能繼續研製複雜武器系統的工程師。

　　一般的人員，或者不具備高度的專門經驗，將來會和美國現有人員產生競爭的人，他都避免帶到美國去。換句話

融入美國

這是我一生中最引以自豪和最有意義的日子之一,
幾乎和結婚一樣,非常非常快樂。

———— 馮·布朗

終於來到美國

對當時的美國來說，火箭和導彈都代表著全新的領域，而且是一個高度複雜和極為困難的領域。

因為導彈在戰爭中曾經有重要的作用，所以發展軍用導彈能力對於國家安全是必不可少的。

由於導彈技術還是一門年輕的技術，新型導彈研製成功後，就會很快過時。新型導彈的設計、實驗、生產和送往戰場使用這一系列過程，幾乎必須同時進行。這和正常的軍械程式恰恰相反，因為新的裝備總是要經過廣泛的、曠日持久的試驗，以確保在投產和發出使用之前做到絕對可靠。

美國軍方馬上支持發起火箭計劃的設想，但起初他們對火箭知道得很少，直到後來他們才知道：因為導彈在發射運行過程中，必須要經受極大的加速度，而且它把許多新的、未經試驗的機械裝置、材料和精密電子系統結合在一起，所以容易產生機械故障。

由於美國的武器系統發展計劃也需要在此同時穿插進行，因而有必要建立大型的科學和工程機構，協調許多工業承包商的行動。陸軍將求助於私人工業、學院和大學的研究部門，甚至還將求助於地方學院裡獲得獎學金的學生，讓他們獲得實際工作訓練，托佛托伊將軍的正式導彈計劃將成為一項全國性的事業。

1945 年 7 月，他去了一趟美國之後又回到歐洲。

當時遠東的戰事還沒有結束，哈米爾少校志願和步兵師到太平洋地區，以取得更多的戰鬥經驗。托佛托伊問明哈米爾的去向而後說：「這樣吧，哈米爾，萬一你改變了主意，請拿著這張便條去見我的好友和同班同學范·西克爾上校，我在華盛頓有一項方興未艾的火箭計劃正在進行。」

哈米爾把便條放在口袋裡，根本不想用它，他們起飛還不到半小時，飛行員就駕機飛回原地，並且宣布總統日本已經投降了。這一天是 8 月 15 日。

哈米爾馬上把手伸進了口袋裡，摸一摸那張便條還在不在，和正在進行的火箭計劃打交道，看來要比到遠東某地幫助遣散部隊更可取。在華盛頓，這張便條成了無價之寶，使他臨時被分配去做托佛托伊原來要他做的工作，即在德克薩斯州布利斯堡建立火箭設施。

9 月底，托佛托伊派他去波士頓的斯特朗堡，第一批 7 名德國人已於 9 月 29 日到達該地，他就在那第一次見到了布朗。

當時，布朗的肝炎病突然發作，斷臂的傷口也還沒有完全癒合，第二天早晨，火車在阿伯丁試驗場停下來。在試驗場，多數德國科學家的任務是整理和翻譯大約 40 噸的繳獲文件。

在這個戒備森嚴的工業區裡，全國許多破壞性最大的武器和絕密軍事裝備正在研製和試驗之中。

德國人的工作是幫助他們以前的敵人生產更好、威力更大的武器。

在各種祕密軍事活動中，德國科學家實際上是在繼續在佩內明德時為希特勒的工作，但是旁邊總是有一個美國大兵跟在身邊。

他們在阿伯丁試驗場的直接任務是處理納粹軍隊崩潰之後，在哈茲山的礦坑中繳獲的全部德國導彈文件，有這些專家幫助對 40 多噸文件進行分門別類、編制目錄、評估和翻譯，他們所節省的時間和金錢是不可能用工時和美元來計算的。

他們可以一眼看出文件是否重要，速度之所以這樣快，是因為正在整理的文件以前是他們自己親手所寫，或是他們幫助編寫的。

然而，布朗被帶到了帕索，也就是布利斯堡。

在哈米爾的指揮下，陸軍將在那裡的附屬醫院裡設立分辦事處，哈米爾先把布朗帶到華盛頓，他們在華盛頓待了差不多 5 天。在此期間，他們必須一起行動。

當時戰爭剛結束不久，但更重要的是，布朗和所有其他德國人來到美國的事情必須小心加以保密，托佛托伊擔心，

過早洩露這一消息會破壞他的整個計劃。

在從華盛頓到聖路易斯的火車上，他們睡在同一個臥鋪段，使他們可以不與外人來往，但在從聖路易斯到帕索的火車上，他們睡在車廂兩端的鋪位。火車開出聖路易斯時，已接近睡覺的時間，所以相對來說問題較簡單，然而第二天問題就不小了，他們決定裝成不是一起旅行的，只是在吃午飯和早飯的時候在一起。

他們到帕索的時候，布利斯堡的司令官熱烈歡迎他們。這時，布朗的肝炎已經嚴重惡化，他問第二天可不可以去醫院去看病。

第二天他們去了，設立分辦事處的問題也解決了。

因為一個德國人老是跟在身邊，又不能介紹他的身分，或者告訴人們他為什麼來到這裡，這就使得哈米爾很難到處走動，和基地的工程官、軍需官以及其他人談話，於是他把布朗交給基地醫院的軍醫看管，自己就自由行動，建立和組織團隊了。

有一天，托佛托伊從華盛頓坐飛機來，向醫院詢問布朗的健康情況，並和哈米爾討論未來的計劃。

午餐時間，這兩位軍官經過一個小小的炮臺，該地區已被指定用於建設德國導彈團隊的宿舍，但是哈米爾認為，這地方無論是大小還是設施的類型都不適合，他考慮到將來的

發展，如研究工作的發展和把家屬接到美國來等問題。

哈米爾向托佛托伊建議，有個地方在莉蓮牛排館的小鎮邊，離軍方用地的邊界不遠。路上，他們經過威廉·博蒙特綜合醫院的附屬醫院，它離綜合醫院大約 2,000 公尺。哈米爾說：「這地方不錯，你看，周圍有一道防衛籬笆，所有的病房都連在一起，有自己的消防隊，甚至還有一個游泳池。」

第二天，托佛托伊回到華盛頓，立即向五角大樓的軍醫局局長辦公室匯報。他見到局長手下負責設備的人員，說服關閉附屬醫院，理由是可憐的院長賴厄上校忙得都快要發瘋了。此外，他需要用這個地方來執行重要的技術任務。

召開了一次會議，賴厄上校親自在會上為托佛托伊作證，托佛托伊得到了他所需要的附屬醫院，由總參謀部批准，移交給軍械部，30 天內進駐。

哈米爾一安排好實驗室和辦公室用的房間，德國人馬上開始上班。這些所謂「文件夾計劃」的科學家，也許受到了有史以來最嚴密的監視，尤其是那些從事技術規劃的科學家。

但哈米爾發現，管理這些人並沒有多大困難。「他們不僅對美國完全忠誠，而且對軍械部隊也完全忠誠，」哈米爾說，「不怕自相矛盾，我也可以說，他們或許是我所見過的工作最勤奮的團隊。」

有一次，托佛托伊要求哈米爾提出大型的火箭計劃，他要在星期二提交給總參謀部，這個要求是星期一下達的。德國人星期一不分晝夜地做，第二天早晨 6 時 30 分飛機就要起飛的時候，一份十分詳細的計劃的最後圖樣和規格交給了哈米爾，使他能親自帶到華盛頓去交給托佛托伊。

托佛托伊談及這批科學家時也說：「我從開始和他們談判的時候起，從來沒有答應過他們我辦不到的事情，他們成為美國公民所走過的道路是不平坦的，充滿失望和尷尬，但是他們保持堅定的信心，也可以說，他們對自己的前途滿懷希望，為了取得公民資格，他們確實努力工作，在每一個地方都表現出他們是優秀的美國人，而且也是社會的財富。」

布利斯堡的附屬醫院很快成為了令人滿意的綜合公寓。不久，這些德國人作為陸軍導彈界的真正成員，開始發揮了重要作用，他們學習英文，建立各種團體，參加教堂、音樂和其他文化活動。

來自德國蘭次胡特家屬營的消息表示，由於戰爭後期對德國人家庭的正常食物供應成了問題，許多家屬實際上都缺乏維生素，或有其他營養問題。

布利斯堡的德國人，常常是在軍事人員的監護下，才可以到帕索去逛商店。

他們每天的工資是 6 美元，剩餘的薪水從戰爭賠款中以

德國馬克支付給蘭次胡特的家屬。但是，國務院規定的條例中有一條，德國人不可以寄包裹回去，他們在雜貨店和其他商店裡可以看到大量的濃縮食物、糖果、肥皂、維生素和其他東西，但是他們不能購買這些東西。

陸軍開始協商把家屬接過來。

第一批家屬於 1946 年 12 月到達，剛好趕上過聖誕節。此後陸續不斷，直至 1947 年夏。當時，德國人及其家屬住在臨時改建過的醫院裡，病房變成了小公寓房間，也就在這個時候，布朗寫信向表妹瑪麗亞求婚，並且乘陸軍的一艘船去德國結婚，隨後把她帶回美國來。

托佛托伊經常看望這些科學家們，大約每月一次或者六星期一次，他常常在一本記事簿上記下他們認為可以幫助解決的細小問題，他們之間的關係有許多有趣的發展。同時，由於他和德國人見面多了，彼此之間也有了對話。

話題之一是放寬某些規定的問題，他向他們指出，從法律意義上說，他們處於軍事拘留狀態，但是畢竟不像戰俘那樣，被荷槍實彈的士兵監控。

布朗回答說：「嗯，這倒也是，然而實際上唯一的區別只是槍沒有上子彈而已。」

托佛托伊認為這是布朗對他的絕妙回敬。其實，布朗當時常常開玩笑把自己說成是和平俘虜。

不久，他們開始穿起了牛仔靴，戴上了寬邊高頂帽，把自己看成是德克薩斯人，但由於受到軍事拘留，他們在美國沒有正式身分，必須等到完全成為正式移民，才有指望取得公民資格，這在情況下要 5 年之久。

美國開始了火箭研究工作

根據簽訂的《文件夾合約》，這些科學家當時的主要任務是：為陸軍、海軍、空軍的承包商建立諮詢中心；幫助發射 V-2，並為一項高層大氣研究計劃把儀器送上高空；研製一種新式試驗導彈，即用 V-2 助推的超音速沖壓噴氣引擎飛行器等。

陸軍一開始就考慮，新式導彈的射程要達到 1,600 公里，或者更遠。想朝著這個方向邁出一步，托佛托伊的計劃包括對還在探討中的 800 公里導彈初步研究。顯然，必須有一個大試驗區支持這項研究。

為了取得有關飛行試驗的數據，還必須設計並安裝靶場儀表設備的複雜系統，因為把發射出去的導彈找回來研究十分重要，所以決定建陸上試驗區，批准在新墨西哥州沙漠地帶建立懷特沙漠試驗場，並開始了美國第一個大型的導彈計劃——「V-2 計劃」。

布朗和他的團隊在軍方其他部門的配合下，在美國土地

上開始了卓有成效的火箭研究工作，這離他的太空夢想又近了一步。

1946 年 12 月 17 日 V-2 火箭創造了單級火箭的速度和高度紀錄，速度為每小時 5,800 公里，高度是 180 多公里。

1947 年 1 月 23 日，在一次 V-2 飛行試驗中，先進的新型遙測系統運轉成功，證明有可能把整個火箭系統及其科學儀器組件的 50 多種不同性能數據，從飛行中的火箭上發射回地面記錄站。

1947 年 10 月 9 日，當一枚 V-2 以每小時 5,500 公里的速度飛行時，懷特沙漠的工程師們首次從超音速飛行中獲得了用儀器精確測得的熱傳導數據。

1948 年 2 月 6 日，無線電指令控制系統對一枚 V-2 控制，它標誌著美國首次在地面上用無線電對一個正在飛行的、以火箭為動力的大型飛行器控制。

與此同時，作為陸軍火箭研究計劃的一部分，由加利福尼亞理工學院和軍械部隊合作研製的首批「完全美國造」導彈發射成功。1947 年 1 月，陸軍軍械人員第一次成功用降落傘把一枚這樣的火箭從 60 公里的高度降下來，這次試驗十分成功，幾乎所有的零件，包括精密的無線電設備都打撈起來了。

而這種導彈比 V-2 小得多，裝滿燃料時重量才 300 公斤，

最高速度每小時大約 4,500 公里。

1949 年 2 月 24 日，陸軍軍械署把 V-2 和這種火箭結合起來，製造出一枚綽號「龐然大物」的二級火箭，達到當時人造物體到達的最大高度。這枚導彈到達飛行最高點時離地 400 多公里，實際上已在地球大氣層之外了，最高速度每小時超過 8,000 公里。

「龐然大物」6 分半鐘達到創紀錄高度，於發射 12 分鐘後著陸。它帶有一臺特殊無線電設備，向地面記錄站發射有關它在飛行中遇到的各種情況的資料，無線電設備在這樣的極端高度操作，這還是頭一次，用這種方式獲得資料，為在以前從未探測過的高空區域獲得科學知識提供了新的方法。

用最嚴格的標準來衡量，V-2 飛行的成功率是 68％。當然，被列為不成功的許多導彈，從實驗的觀點看還是極其有用的。例如，有一枚 V-2 因為操縱系統工作不正常被認為是失敗，但是這枚導彈達到 110 公里的高度，在上面進行的實驗結果很好。

V-2 計劃的全面成果，不能完全用分析百分比數字和成功不成功的次數來衡量，而應該看到 V-2 是世界上最早的大型導彈，它對導彈技術和宇宙飛行所作出的貢獻是巨大的。

此後，在 V-2 計劃的基礎上陸續開發了「龐然大物式」、「普什奧弗式」、「布洛森式」和「桑迪式」火箭。在「普什

奧弗式」的飛行中，有意讓一枚裝滿燃料的 V-2 爆炸，以確定它從艦上發射以後回降時的效應。在「布洛森式」的飛行中，7 枚 V-2 火箭經過大幅度改裝，並且裝載著可用降落傘回收的許多大型儀器箱。

「桑迪計劃」是從「中途島號」航空母艦甲板上發射 V-2 的密碼名稱，「桑迪式」首次證明，可以從海洋艦艇上發射大型火箭。

雖然陸軍在研製火箭方面取得了不少成績，但是真正朝著經費充足的特大型導彈計劃前進卻花了很長時間，於是托佛托伊要求布朗和他的德國團隊開始研製新火箭。

但是要研究像 V-2 那樣的東西，當時的經費是完全不夠的，而且也沒有研製高級引擎用的火箭引擎試驗臺，戰爭剛結束的這幾年，軍事武器計劃處於退潮時期，沒有人對新武器感興趣，本錢不夠而光有「想幹大事」的想法是沒用的。

那時對消費品的需求很大，為了利用現有的有限資源做一些有用的工作，華盛頓和布利斯堡團隊共同決定：研製一種小型超音速沖壓噴氣引擎實驗用飛行器，用一枚稍加改裝的 V-2 就可以使它達到初速和高度。

他們在布利斯堡附屬醫院旁邊建起一個基礎試制工廠，到當時為止，附屬醫院一直是布朗團隊的住所兼工作場所。

因為奇異公司根據赫姆斯導彈合約來負責該工廠的活

動，所以布朗的實驗所用沖壓噴氣引擎飛行器被命名為「赫姆斯 2 號」。

一直以來，布朗和他的團隊還是習慣於佩內明德充足的試驗設備。現在預算很少，設備是臨時湊合的，但是他們還是以驚人的才能把工作做好。

兩輛舊拖車被改裝成擴散器和燃燒試驗臺。空氣由陸軍富餘的一組機動壓氣機供應。為了在更有代表性的飛行高度條件下進行試驗，他們硬是把整個設備拖到內華達山脈的一條山路上去，在海拔 3,000 米，大氣壓力減少的情況下進行。

至 1949 年，軍械署在火箭和導彈方面顯然需要現場管理機構，計劃進展順利，可是有關指導則出自五角大樓的托佛托伊辦公室，導彈部隊已經有了很大進展，托佛托伊覺得必須分散管理權，建立一個類似研製大砲、坦克和自動軍械裝備的兵工廠。

1949 年 8 月 1 日，布利斯堡將級司令官明確對托佛托伊說，他想在布利斯堡軍用基地建設附加設施的計劃，不可能得到總部的批准。布利斯堡的防空導彈訓練工作負擔增加，使他不能把以前答應過的土地給托佛托伊，帕索國際機場的跑道延長，加上毗鄰的比格斯機場被宣布為策略空軍指揮部的基地，更使得朝任何方向擴展都成為不可能。

因此，1949 年 8 月 14 日，托佛托伊專程到亞拉巴馬州

的亨茨維爾去看看雷德斯通兵工廠是個什麼樣子。第二天，托佛托伊察看了一下，認為完全不適於開展他的工作。然而有人建議他順便去看一看毗鄰的亨茨維爾兵工廠，這是工兵部隊正要拍賣的一家化學工廠，結果他發現無論是對目前的工作還是計劃中的工作，這個地方都很理想。

次日，托佛托伊動身去華盛頓，向五角大樓的高階軍官匯報了這個情況，托佛托伊找總參謀部和總參謀長辦公室磋商，希望立即批准軍械署把全部設施買過來，理由是：為了進行必要的野外試驗，導彈需要擴大場地的一天很快就要來了。

托佛托伊自己認為，他已經把導彈武器的軍事用途闡述得一清二楚了，果實已在樹上，很快就要成熟，但軍械署的第一份請求報告送到陸軍部長戈登·格雷那裡以後，轉回來時，上面寫的是托佛托伊生平接到的最簡短的批語，這個批語只有 4 個字：「絕對不行。」

在這個時候搞發展，是和陸軍部長的方針牴觸的。換句話說，托佛托伊面臨著戰後削減軍費的潮流。他裝傻，裝作對批語不理解，他故意把「絕對」理解成「可能」，繼續進行他的計劃。

軍械署長埃弗雷特·休斯少將帶他到總參謀長辦公室。亨茨維爾和雷德斯通兩個兵工廠地區唯一一張地圖是巨幅

的，托佛托伊身邊有膠帶想把地圖貼在總參謀長辦公室的牆上，但是牆上沒有一個適合的地方，只好在總參謀長大辦公室的地毯上把地圖鋪開。

在談話時，他必須指出什麼地區派什麼用場，但又沒有一根夠長的指示棍，所以只好在地板上繞著地圖爬來爬去。最後，他在副總參謀長馬修‧李奇微將軍面前站起來 —— 勞頓‧柯林所將軍在緊要關頭不能參加，李奇微要為他作出決，托佛托伊對李奇微將軍笑著說：「無論是在實際意義上還是在象徵意義上，我真的是跪在地上向你乞討這個地方，還有什麼問題嗎？」

他得到了亨茨維爾兵工廠，並把它和老雷德斯通兵工廠結合起來。這一新的聯合設施 —— 雷德斯通兵工廠，從此以後將成為軍械署在火箭和導彈方面一切活動的重要中心，以及美國陸軍軍用導彈指揮部的所在地。有訊息說，可以動手研製「紅石」火箭了。

1950 年 4 月，新的陸軍導彈中心主任托馬斯‧哈米爾少校向雷德斯通的新任指揮官托馬斯‧文森特準將報到。他們立即為將布朗團隊調到阿拉巴馬做準備。

一個新的時代就要開始了，當時還沒有人意識到這一點，而喬治‧馬歇爾航天中心以及種種宏圖大業的基礎已經奠定⋯⋯

融入美國

從 1946 年初至 1951 年 7 月 1 日，製作和發射 V-2 的實際工作是透過布朗團隊、陸軍軍械署導彈技術人員、駐紮在布利斯堡的第一導彈營官兵和奇異公司的密切合作在懷特沙漠試驗場完成的。在 6 年裡，美國陸軍試驗發射了 70 枚 V-2 火箭。

1951 年 7 月，奇異公司把全部 V-2 材料移交給陸軍軍械部隊，由該部隊負起完成 V-2 計劃的責任。8 月，陸軍成功 9 次 V-2 推進裝置的試車臺試驗，發射了 5 枚高空研究導彈，其中有一枚上升到 210 多公里的高度。

對於美國來說，「V-2 計劃」極為重要，因為沒過幾年，美國的「導彈工業」就隨著 V-2 計劃發展起來了，這一計劃為美國未來的一切火箭成就奠定了基礎。

輝煌的太空憧憬

雖然布朗具有勇敢精神，也就是一切探索新領域的人所固有的冒險天性，但他對他所接受的傳統和科學訓練是忠實的。他在冒險嘗試之前，做了很多的調查。

1952 年，他在一個航空旅行專題討論會上說：「立即著手設計和建造巨大的載人火箭飛船，並試圖把它射入『目的軌道』是絕對愚蠢的，這種嘗試百分之百會失敗。」

布朗說：「我們所需要的是按部就班的研究方法，這是和

把人送入宇宙的最終目標相配合的。我們需要有一個研究計劃，研究這個問題的一切方面，包括該計劃的軍事應用和科學應用。」

「最初的研究階段，其範圍是不嫌廣泛的。它應該包括：對研製火箭動力裝置所需要的試驗設備調查，推進劑的製造、裝運和儲存所包含的後勤問題；制導和通信設想；太空人及其裝備的教練設備和模擬器；甚至某些零件標準化的可能性。」

他不準備過多依賴純粹的軍事研製。他說：「毫無疑義，導彈技術和航空方面的軍事研究將對宇宙飛行的發展作出巨大貢獻，但是最後征服宇宙的任務太大了，不可能只是另一項工作的副產品。」

當時使布朗傷腦筋的問題是人本身，他知道，如果沒有人觀察、報告、在緊急情況下採取行動，那麼不管儀器裝備多好，自動的不載人飛行器豐富人類對宇宙的認識是有一定限度的。

儘管人有適應性，有大腦，但是在考慮航空飛行時仍然是一個現實的問題，因為人必須呼吸，必須有氧氣，而在宇宙卻一點氧氣也沒有。為了能活下去，他就得吃，既然得吃，就得有處理排泄物的方法，他的身體還會受到一些有害的影響，如輻射、長時間失重、動力飛行期間的高加速度、過

分的陽光或黑暗、熱、冷和脫水等。

　　最重要的問題可能是：與世隔絕、失重、缺乏與他人交往，和在長時間裡沒有足夠的體力活動，可能對健康有很大的傷害。

　　所有領域的研究，必須和飛行器的研製同時進行。這需要生物學家、生理學家和心理學家進行多年的努力，幾乎沒有一個自然科學領域是可以完全置之不理的。

　　收集了足夠的初步資料以後，布朗認為這一工作是國際性的，至少應包括對民主國家友好的國家，利用各國可供利用的最優秀大腦，下一步將是裝有儀器的不載人衛星，也許可以住進幾隻猴子。這種衛星能用遙測發射器把重要情報發送到地面上，只有在這之後，才能實現渴望已久的目標──永久性載人太空站。

　　在這個太空站上，可以進一步的研究，有些是對下面的地球馬上有直接好處的，如氣象觀測和安全監視；有些則具有更廣泛的含義，如人第一次在沒有地球大氣阻擋的情況下清楚觀察月球、附近的行星和其他星球，對長時間失重效直接觀測，測量太陽輻射和宇宙輻射，進行生物實驗等。

　　這種太空站本身就不是一項尋常的任務。1952 年 3 月 22 日，布朗在《柯里爾》雜誌上發表一篇文章，估計要創造出建立這種太空站所需的技術，可能要 10 年的不懈努力，花

費大約 40 億美元。實際上，早在 10 年前，也就是在佩內明德的戰爭年代，他就已經把載人太空站的藍圖準備好了。

為把太空站一件一件運到軌道上去，他設想了一種巨大的火箭：起飛時的重量大約 7,000 噸，相當於一艘輕型驅逐艦的重量，豎立起來有 80 公尺高，底部直徑 20 公尺。它有三級，裝載乘員和有效載荷的「頭部」，或者叫最後一級，可以帶 90 噸推進劑和 26 噸貨物。

布朗所想像的太空站是一個輪狀的龐然大物，直徑大約 80 公尺，可以用各種不同的方法製造，他描繪出設計方案，大約由 20 個部分組成，材料是柔韌的尼龍和塑料纖維。

每一個部分都是一個獨立艙，折疊運到軌道上去，裝配之後，整個輪子像一個內胎一樣充氣，在裡面提供可以呼吸的大氣。在這 20 個部分之間，有和潛艇上相似的安全分隔密封門。

充氣的程度比正常大氣壓略低，這不僅可以給太空站提供維持生命的大氣，而且能使這個結構具有必需的硬度。當然，因為太空人的肺會把空氣用光，所以空氣必須循環，要補充氧氣，而二氧化碳必須用化學過濾管去掉。

他認為這種太空站一旦建成，幾乎可以做到自給自足。例如，動力可以從巨輪頂上一面磨光的鏡子取得，鏡子利用陽光把水銀加熱成蒸汽，推動渦輪和發電機，從而產生電

力，帶動泵，並完成其他工作，鏡子背陽的一面可以作為消散凝聚熱所需要的輻射冷凝器。

在輪狀的主外殼外，用雙端螺栓固定上一層緩衝壁或外殼，以承受微隕石的撞擊。如果需要熱，可以用一個漆成黑色的區域吸收陽光來供應，這個區域只要打開軟百葉窗簾就可以照到陽光。

窗戶必須防止輻射，並應隨時隨地可以關閉。

在布朗1952年的設想中，為了節約，他關心最初幾級火箭的回收和復用問題，複雜的第一級和第二級火箭的回收問題也考慮到了。

此外，太空船上的機員組也必須經常輪換。必須定期給太空站供應某些日用品，如氧氣、食物、科學材料和攝影底片。因此，要維持一個永久的住人太空站，就像在南極洲建立一個前哨基地，必須有後勤運輸系統作為後盾。

他還附帶考慮到，附近以同樣速度繞軌道運行的太空站之間的往來，可以用微型的西瓜狀「太空出租汽車」來解決。

這種汽車以小型火箭引擎為動力，並且增壓，人可以不穿太空服坐在裡面。

為了說明花費如此驚人的時間、金錢和精力所取得的實際應用價值，他說了這樣一段話：

> 還將有一個航天觀象臺，這是一個小型設備，和主要
> 太空站有一定距離，裡面放一臺帶攝影機、分光鏡和
> 其他儀器的天文望遠鏡。這個觀象臺不載人，技術人
> 員從外面幫攝影機裝卸膠卷，或用電視把圖像發送給
> 主要太空站。

這臺望遠鏡將主要用於研究宇宙的外層區域，對宇宙的這種測繪將得到在地球上所無法企及的成果，而這臺帶有攝影機的望遠鏡也可以轉動，拍攝下面的地球。

從太空站上，整個地球都可以觀察得到，一個時候看不到的，另一個時候也可以看到。在 24 小時之內，至少可以對地球上的每一點觀察並攝影一次。

最後，連接燃料管道和導線系統以後，我們可以在這整個結構頂上放一個球形乘務艙。乘務艙在地面上預先配備好空氣、水再生系統，以及必要的導航、制導和通信設備。

結果，這個飛行器看起來很古怪，但是可以從這個太空站出發，大約 5 天時間，完成一次繞月旅行，並回到太空站來。

布朗既是一個科學家，又是經歷過戰事、講究實際的人。這種太空站還有一種用途是他所不能忽視的，雖然後來的想像使他感到害怕，他講出了這種可能性後也從來沒有去實踐這種設想。

他在 1952 年的文章中寫道：「這種太空站可以改裝成

原子彈運載工具，可以從太空站裡發射帶原子彈頭的小型導彈，使它們以超音速打擊地面目標。」

「這種轟炸技術將為衛星製造者們提供軍事史上最重要的戰術和策略優勢。而且，太空站上的觀察人員有充分的時間，可以發現敵人發射對準太空站火箭的企圖，從而有可能在火箭還沒有打到他們之前，就用反導彈導彈把它摧毀。」

布朗對如何從太空站回到地球上來，以及訓練動物代替人先進行太空旅行等做了詳細的描述。

布朗在 1950 年初就在雜誌文章中提出了這些基本設想。20 年後，這些設想在天空實驗室太空站上變成了現實；1981 年，第一架載人太空飛行器也終於出現在太空舞臺。

1984 年首度升天的「發現號」創造了執行 39 次太空任務，飛行 2.37 億公里，繞地球軌道 5,830 圈，在太空停留 365 天的最高紀錄。2011 年 3 月 7 日，「發現號」太空飛行器脫離國際太空站，9 日在甘迺迪航天中心安全著陸，結束了近 27 年的飛行。

因為布朗在《柯里爾》雜誌上發表了驚人的見解，美國公眾把他當做「太空英雄」，也有人認為他是「太空怪人」。許多人認為，他的輪狀太空站是完整的藍圖式建議，美國政府可以立即採納。

另外有些人在這種設想面前畏縮不前，認為整個計劃過

分異想天開，甚至美國和外國的火箭工程師，乃至某些布朗團隊裡的人，也認為他太狂熱了。

還有一些人，特別是對布朗很了解的人，認為太空站代表著一種富有挑戰性的基本原理研究，應該對宇宙飛行問題開展熱烈的公開辯論，但是熱鬧了一陣子以後，公開辯論又消聲無息了。

布朗還對跟蹤站和遙測站的組織也作了詳細的陳述，並附有詳盡圖樣，幾乎和今天的完全一樣。

「在地球的據點上設立 20 個或者更多的接收站，」布朗說，「大部分接收站設在載重拖車上，衛星從天上經過時，接收站用雷達跟蹤，並用膠卷和磁帶把電視廣播和遙測廣播記錄下來，因為衛星的無線電波是直線傳播的，所以拖車每次能收到廣播的時間只有幾分鐘，只有當衛星在視線範圍之內才能收到。」

「衛星飛出視線範圍以後，即把記錄資料送到美國的中心站，有些用無線電傳送，其餘的空運。中心站逐日對情報評估。在北極圈和南極圈內，在赤道附近各點，都要建立監測站。在北極地區可在阿拉斯加、南格陵蘭和冰島設站。南極地區則設在坎貝爾島和南喬治亞島。在太平洋上，可供選擇的地點是貝克島、聖誕島、夏威夷和加拉帕戈斯群島。」

「其他的監測站可以設在波多黎各、百慕達、聖赫勒拿

島、賴比瑞亞、西南非洲、衣索比亞、馬爾地夫群島、馬來半島、菲律賓、紐西蘭和澳大利亞。這些點構成全球性的連接，每天至少可以收到一次衛星廣播。」

「監測站是相當花錢的，但是今後準備發射第一批由人操縱的火箭和載人衛星時，它們隨時可供利用。」

他在 1953 年就認為，如果能全力以赴的話，5 年內就可以發射這樣一顆小型衛星。10 年內可以造出載人太空站，並且操縱它。

布朗提出有關輪狀衛星、小型太空站、月球飛船、太空人訓練或火星飛船的迷人建議，需要大量資料，必須進行大量的研究工作，他總是利用業餘時間來完成這些工作。

他的工作時間必須全部用於研究「紅石」遠程火箭武器，他的同事，如恩斯特・施圖林格博士，全幫他進行計算和其他的理論研究。為《柯里爾》雜誌寫文章，提出太空設想，需要進行極其大量的研究工作，但在當時，這種努力看不出會有什麼回報。

布朗堅信，要不斷增強公眾對宇宙航行的理解，要使公眾認識人類在這個領域裡有巨大的發展前景，提出這些建議是最有效的方法。

五角大樓的人認為這些建議只是科幻小說。儘管遭到非難，他還是繼續傳達他的想法，漸漸有一批人相信他了。

但美國政府對此卻並不熱心，每當專家們詳細闡述計劃中所能得到的東西，諸如更準確的天氣預報、土地和水力資源調查、導航、航空攝影術、海洋學、魚類及野生動物管理、無線電和電視通信等，艾森豪總統總是敷衍幾句。

難道宇宙飛行是一種神話般的冒險，政府官員都不想介入嗎？為什麼要到宇宙去呢？為什麼進行誰也無法預料其結果的試驗呢？布朗對此都作了回答。

他竭力想讓政府相信，太空探測將把世界各國連成一體，聯合解決共同的問題，但艾森豪統治政府的高階官員認為這是廢話。

在亨茨維爾的新貢獻

1950 年初，在火箭研究人員還未進駐阿拉巴馬州田納西河畔的亨茨維爾小縣城之前，這裡的人經常炫耀它是世界的水芥菜之都，是美國參議員約翰·斯帕克曼的故鄉。

棉花主宰全城的獲利，如果棉桃臭蟲成災，生意也就跟著不好。在半世紀中，亨茨維爾人口從起初的 1,000 人逐漸增加至 16,000 人，每年的增長只有 100 人。

第二次世界大戰開始時，陸軍軍械部隊和化學兵部隊沿著田納西河大河灣買下了一片 160 平方公里的土地，開始製造毒氣和軍火彈藥。雷德斯通和亨茨維爾這兩個兵工廠刺激

了垂死的地方經濟，至 1944 年，大約有 20,000 名工人在這裡工作。

可是到了 1945 年下半年，第二次世界大戰結束了，兵工廠也隨之關閉。兵工廠建築物周圍長滿了各種野草，在荒廢的街道上，小孩子們毫無顧忌在坑窪裡做泥餅玩。

1950 年 3 月，在亨茨維爾長大的美國參議員斯帕克曼打電話來說，一個名叫霍爾格‧托佛托伊的陸軍上校將要帶來一批德國科學家，這批科學家在第二次世界大戰行將結束時被送往美國，在德克薩斯州和新墨西哥州繼續進行他們的實驗，實驗曾經產出歷史性的 V-2 火箭，在第二次世界大戰的最後幾個月中幾乎為希特勒扭轉了戰局……

在亨茨維爾，當時人們並不認為導彈很重要，而且他們認為，那些德國科學家和美國軍械專家在城裡也花不了多少錢，對亨茨維爾能有多大幫助呢！

此外，一個市民還說：「我們的孩子們最後一次見到德國人的時候，德國人還在向他們開槍呢！」

1950 年下半年的一天，滿載設備和人員的軍車隊開進了亨茨維爾，坐在車裡的布朗和其他德國科學家及其家屬此時的心情不錯，他們一邊看著車窗外好奇盯著他們的當地人，一邊有些興奮交談著。

一年前，還住在布利斯堡的附屬醫院時，這些德國科學

家和家屬們就取得了正式僑民身分，並且已經適應了美國的
生活。現在，他們成為美國公民的可能性很大，他們渴望在
北阿拉巴馬的這片紅土地上建立新的家園。

　　沒過多久，亨茨維爾市民在夜間就經常可以看到，遠
處雷德斯通兵工廠的山上，經常火花飛濺，窗戶被震得「咯
咯」作響，雖然當地居民不知道這是在做火箭靜態試驗，但
覺得這一切都給小城的日常活動增添了些生氣。

　　1951 年 2 月，布朗受命領導德國和美國的科學家執行
「紅石」計劃，即研製美國歷史上第一枚中程導彈 —— 戰術
性的「紅石」導彈，射程為 320 公里，要求具備更精準的制
導功能。

　　這個被軍方列為重要工程的計畫，在布朗的領導下得以
全力以赴進行，工程之龐大和複雜性也隨之顯現出來。

　　從這個時候起，布朗團隊提出了完善實用武器系統的改
進設計，許多制導和控制部件的設計工程也同時展開，後來
證明這種工作是極其重要的。

　　研究室的實驗表示，空氣軸承陀螺儀可以更快地使整個
系統達到高度準確和穩定，於是團隊就集中精力研製空氣軸
承系統。

　　1952 年秋天，一個完整的彈道導彈慣性導航系統已經投
入使用，該系統由帶有空氣軸承陀螺儀的穩定製導平臺、空

融入美國

氣軸承加速表等組成。這種制導平臺的高級型號後來被應用到「邱比特」導彈和「潘興」導彈上，甚至還應用到「土星5號」月球火箭上。這種制導平臺和加速表的精確度極高，對導彈的命中精準度有著決定性的作用。

以前，在火箭中需要大量的電子管，不但體積大，增加了不必要的重量，性能也不穩定。1954年，當時還很少人知道的裝置即晶體管放大器，安裝在「紅石」火箭自動程式裝置中，首次飛行獲得圓滿成功，火箭的可靠性大大提高，把晶體管裝在火箭裡飛行，這也許還是頭一次。今天，任何一枚大型戰術火箭或者航天火箭都包含成百上千，甚至成千上萬個晶體管。

1954年6月，正在加緊研製「紅石」火箭的布朗受邀到華盛頓參加美國衛星研討會。在這次會議上，布朗滿懷信心地表示，只要把紅石火箭稍做改動，就能把一顆2,000克重的衛星送入軌道。

雷德斯通兵工廠不斷研究結果表示，他們已經解決了相關的技術問題。9月2日布朗在給朋友的信中寫道：

> 我們的技術研究，包括能見度問題和跟蹤問題，已取得良好進展。我們現在可以說，從技術上看，該計劃的一切都是可以實現的，有效載荷可以從2,000克增加到6,000克。

9 月下旬，布朗寫道：「我們對整個計劃更深入的調查，一切都比以往任何時候更可靠。」

在年底的討論軌道飛行器的會議上，布朗說：「在不妨礙兵工廠正常生產運轉的情況下，從 1956 年 8 月起一至兩個月內可以陸續提供 4 枚人造衛星運載火箭。」

但是，布朗的建議並沒有受到重視，而在陸軍和海軍對衛星項目的爭奪中，海軍最終獲勝，布朗得到正式通知，讓他把衛星計劃徹底忘掉。而布朗並沒聽話，他一方面繼續全力進行「紅石火箭」的研製工作，一方面繼續運載火箭的研究。

1955 年，「紅石」火箭研製成功並投入生產。

佩內明德的總建築師漢內斯‧呂爾森現在成了火箭中心的設備計畫處主任。他設計了一個公路系統，繞道舊城，以減輕交通擁擠，獲得了成功。

火箭團隊中較年輕的成員瓦爾特‧維斯曼是一位管理專家，因為參加社會活動認真負責，甚至在他還沒有領到公民身分證之前，他就當選為亨茨維爾初級商會董事長，他還曾經當過州初級商會組織的主席、亨茨維爾社團聯合會總主席和亨茨維爾市民委員會副主席。

1955 年 4 月 15 日是亨茨維爾城及其德國新居民的喜慶日子，這一天，在亨茨維爾中學禮堂舉行隆重儀式，宣布布

朗和其他一共 40 名德國人及其妻子兒女成為美國公民。除了特奧多爾‧布赫霍爾德教授、瓦爾特‧施維德茨基博士和阿道夫‧蒂爾博士與美國公民結婚，成了「戰時新郎」以外，他們是第一批得到美國國籍的科學家。

布朗說，這是「我一生中最引以為自豪和最有意義的日子之一，幾乎和結婚一樣，非常非常快樂」。

研製「邱比特」導彈

1955 年 11 月分，布朗的團隊又接手了一項名為「邱比特」的計劃。

這種導彈推力更大，射程更遠；可以在艦上甚至潛艇上發射；還可以改成多級火箭，對今後的航天事業具有重大意義。

早在第二次世界大戰結束前後，美國海軍就看過有關火箭水下試驗的技術報告和影片，但是並沒有給予足夠的重視。直至他們得知，蘇聯人可能已經擁有能從水下發射火箭的潛艇時，海軍最高將領們有些坐不住了，他們要落實這種消息的可靠性，於是美國海軍代表與布朗等火箭專家在雷德斯通兵工廠舉行了一系列會議。

在第二次世界大戰期間參加過類似研究工作的布朗指出，用遠洋船隻，甚至用潛艇來發射中程彈道導彈是可行

的，肯定的態度讓海軍代表既驚訝又有些懷疑。

在海軍部又和布朗舉行了多次技術性會議後，他們很快就信服了，終於決定和陸軍一起在布朗的技術指導下，聯合執行「邱比特」計劃。

國防部把「邱比特」確定為陸軍中程彈道導彈 2 號。陸軍部長布魯克於 11 月中旬宣布，「邱比特」計劃已確定為全國最優先的重點計劃，並成立了陸海軍聯合委員會，宣布海軍介入這項計劃，希望未來能有像他們說的武器。

當邱比特計劃開始實施後不久，陸軍研究機構發生了重大的變動。1956 年 2 月 1 日，布朗被任命為雷德斯通兵工廠導彈發展處陸軍彈道導彈局技術負責人。

這個新機構的任務將包括大型液體燃料火箭的研究和試制、元件裝配、樣品生產、靜態試驗和發射、後勤保證和野外維修問題及供應地面支援設備。

該局全部設施投資 4,300 萬美元，占地面積 90,000 平方米。還包括在這領域中具有豐富經驗的原來導彈發展科的 1,600 名工作人員，其中包括 500 名科學家和工程師。

這些都為「邱比特」火箭研製提供了源源不斷的動力。

隨著聯合的「邱比特」計劃的進展，海軍漸漸明白，這種新的武器系統要比原來計劃的複雜得多，由於船的左右搖晃，前後顛簸，在船上安裝導彈的慣性制導系統十分困難。

融入美國

　　後來發現，由於對波浪缺乏控制，以及無法防備敵人的潛艇，船長不能進入預定發射位置，並把船停在那裡進行實際發射，情況就變得更糟了。

　　後來陸軍彈道導彈局和特種工程小組的制導專家們制訂了一個非常複雜的計劃，使船長在發射階段有充分的行動自由，而且採取措施，修正艦艇的航向、速度和位移，從精確的理論發射點輸送入導彈制導系統。

　　但是，更加複雜的是「邱比特」導彈和艦艇之間的機械接合問題。

　　大型火箭必須在「航海者」級船裡加推進劑，而且還得用機械手段在甲板上把它豎起來發射。在船上使用液氧，使加注燃料的操作更加複雜化。為艦艇設計了非常複雜的液氧轉移設備和泄放設備，這樣就需要大量的安全操作程式。

　　像「航海者」級這樣的船隻，硬度低，貨船型，所有這一切都是可以接受的，但是很顯然，對於一艘核潛艇來說，如果要在水下加燃料，或者甚至進行發射，那是根本辦不到的。液體推進劑導彈可能發生推進劑爆炸、毒氣及其他類似危險，這些都是不容忽視的。

　　固體推進劑製造商們使海軍相信，他們在固體推進劑方面大有進展，他們已經能製造中程彈道導彈了。於是，海軍就重新審查計劃，最後決定放棄使用液體燃料的「邱比特」

計劃。

海軍認為固體推進劑潛艇彈道導彈不需要危險的設備，最重要的是，使用固體推進劑中程彈道導彈可以使海軍完全跳過過渡性的水上艦艇試驗階段，立即把有限的財力集中在最終目標上，即擁有以核潛艇為基地的中程彈道導彈，最終擁有洲際彈道導彈。

因此，海軍與陸軍分道揚鑣，並於 1957 年 1 月，獨自進入核潛艇發射彈道導彈領域，而陸軍方面的布朗團隊則繼續進行「邱比特」導彈的研製工作。

1957 年初，「邱比特」導彈進行了首次試飛，但因尾部電路周圍產生意外高溫而中途失敗，只要在導彈的底部裝上更有效的防熱裝置，這個問題就可以迅速解決。

第二次試飛也沒有取得完全成功，因為液體燃料的晃動對導彈的穩定性產生了不利的影響。雖然曾經預料到會有某種晃動影響，但是它的強烈衝擊比預期的要大得多，布朗日夜趕工制定了方案解決這個問題。

1957 年 5 月 31 日，「邱比特」飛行第一次獲得圓滿成功，早些時候導彈的彈頭在重返大氣層時過熱的問題也因為採用纖維玻璃技術得以解決，這樣「邱比特」導彈便很有希望成為美國第一枚作戰用的中程彈道導彈。

9 月，一個比例為 1/3 的「邱比特」頭錐模型在一枚「邱

比特」-C 的試驗性三級「紅石」火箭上成功飛行了 2,100 公里。降落傘在大西洋上次收以後，對這個頭錐仔細研究，證明纖維玻璃技術是安全可靠的。

11 月，艾森豪總統在他舉行的記者招待會上，展示了這個按比例縮小的頭錐，同時宣布，中程彈道導彈的重返大氣層問題已經成功解決了。

在衛星計劃上輸給海軍之後，有個一直支持布朗團隊的人，他就是國防部衛星計劃可行性研究委員會主席、加利福尼亞理工學院傑出的物理學教授、噴氣推進實驗室科學顧問霍默‧斯圖爾特博士。

在邱比特火箭研製末期，斯圖爾特、噴氣推進實驗室的威廉‧皮克林博士和傑克‧弗羅利克博士一起飛往雷德斯通兵工廠，看有什麼辦法可以挽救布朗他們的計劃。他們開了一個會，和布朗共同制訂了一個名為「防魚雷」的行動計劃，繼續軌道飛行器的研究。

這時，布朗正好借用「邱比特」單程導彈計劃的名義，獲得了批准，拿到了經費，建造 12 枚「邱比特」-C，作為「邱比特」頭錐重返大氣層試驗火箭。

「邱比特」-C 是完全按照頭部可攜帶地球衛星的火箭的樣子建造的，第一枚「邱比特」-C 試射時以每小時 25,700公里的速度飛行 5,300 多公里，比美國以前的任何導彈都

要遠，都要快，這標誌著美國已經具有了發射小型衛星的能力。

過了不久，國防部長查爾斯·威爾遜宣布了他那著名的「任務和使命」的指示，明確要求「陸軍要繼續發展對地導彈，這種武器的設計準則的射程限制應為 320 公里左右。」這表示陸軍不能再研究中遠程彈道導彈，這個指示等於要了陸軍導彈的命。

這一道命令就像陸軍的一枚導彈掉下來發生了劇烈爆炸似的，引起了震驚和混亂。陸軍彈道導彈局的設計、管理和生產人員，有的搖頭表示迷惑不解，有的說，「簡直是胡說八道⋯⋯」

一個顯而易見的問題是：花了大約兩億美元研製的邱比特導彈就白白扔在哪裡嗎？已經擁有能夠發射衛星的大型運載火箭的陸軍彈道導彈局，現在被要求只能做短程導彈，這豈不是滑稽？！

布朗的好友、陸軍彈道導彈局的優秀成員小約翰·尼克森上校憤怒不已，他寫了一份備忘錄，揭露了參謀長聯席會議主席亞瑟·雷德福海軍上將的幕後活動，以及空軍想把陸軍踢出導彈研究行列的明顯意圖，對某些軍方高官為了自己軍種和承包商的利益，置國家利益於不顧的行為猛烈抨擊，尼爾森把這份備忘錄分別給了朋友、一些私人承包商、國會

議員以及幾個報刊專欄作家。

被惹惱的軍隊高官把尼爾森送上了軍事法庭。

布朗跟朋友直率表示，備忘錄裡畢竟沒有什麼祕密的東西，只是說明了陸軍的情況，並認為大家應該盡全力保護尼克森上校。「我認為這是一份寫得很好的文章。」布朗笑著說。

「尼克森就好像足球賽中指揮進攻的一名四分衛，告訴我們該做什麼，採取什麼行動，」布朗在法庭上作證時說，「我認為，要不是他，就不會有『邱比特』導彈。說服國防部讓我們做『邱比特』計劃的正是尼克森上校。」

還有人像布朗一樣為尼爾森作證。

軍事法庭原本說尼爾森犯有叛國罪、間諜罪和偽證罪，但是後來陸軍相信尼克森的動機是合理的，只是因為急於促成陸軍的計劃而超越了界限，於是決定放棄這些指控，最後只是以違反安全規定判處了停職一年，並罰款 1500 美元。

尼爾森事件為陸軍研製導彈帶來了好的影響，國防部長威爾遜同意自 1957 年 7 月 1 日至 1958 年 1 月 1 日從國防部資金中為「邱比特」計劃提供經費。鑑於當時的輿論，威爾遜提出了辭職，並被批准。

新國防部長尼爾·麥克爾羅伊接任後，發布了一道新命令：陸軍認為應該實現什麼的戰術目標，就可以製造什麼樣

的導彈。

尼克森上校的個性很強，對自己堅信的東西充滿力量和勇氣。在審判中，一位將軍私下評論道：「看來，陸軍裡真正為信仰而鬥爭的只有上校一個人。」他的朋友們說，他不是科學家，但是他促成了科學理想的實現。

多數人不知道，最先提出陸軍彈道導彈局設想，推進這一計劃，並且最終幫助建立起這個機構的正是尼爾森上校，「這也許是他對衛星計劃和美國第一顆成功的衛星『探險者1號』作出的最大貢獻。」布朗後來回憶道。

經過一年半的艱苦努力，尼爾森和布朗終於使陸軍對衛星計劃產生興趣。經過幾個月的準備，原來的軌道飛行器計劃終於呈送給陸軍導彈研究和發展負責人詹姆斯·加文中將。

但是加文中將像許多人一樣，在試圖說服國防部允許陸軍進行研究時，沒能取得成功。然而，在蘇聯人發射了世界上第一顆人造衛星之後，最終使美國挽回面子的，還是布朗的這一項計劃。

至 1957 年 12 月，陸軍彈道導彈局已經發展有 4,100 名人員，還有 1,300 名軍事編制人員。整個設備投資增加到 6,000 萬美元左右，還建有新結構和力學實驗室，以及新的大型計算實驗室等。

火箭科學家的壓力

1957 年 9 月下旬，負責陸軍彈道導彈局的梅達里斯將軍和布朗接到華盛頓的通知，艾森豪總統新任命的國防部長麥克爾羅伊在正式上任之前，要為「確定方針」到各地考察，10 月 4 日將對雷德斯通兵工廠一天的訪問。

新國防部長一行人員包括陸軍部長威爾伯·布魯克、萊曼·蘭尼茲爾將軍、詹姆斯·加文將軍和其他高階軍官。

梅達里斯將軍對布朗說，他們得到了個極好的機會，「我們可以用事實和數字向他開誠布公表明我們的看法，看看我們在衛星項目上能否有些作為」。

貴賓們視察了一個下午，並對兵工廠作了簡要指示，主人隨後安排了雞尾酒會和宴會，讓麥克爾羅伊及其隨行人員能親自認識火箭研製團隊的主要成員，並會見亨茨維爾一些傑出的官員和市民，布朗團隊的研究計劃要得到社會的大力支持，離不開這些官員和市民的堅定不移的支持。

雞尾酒會在輕鬆、不拘禮節的氣氛中進行，麥克爾羅伊正在和布朗、梅達里斯閒談時，彈道導彈局的一位對外聯絡人員衝進來，打斷了他們的談話，連禮節也顧不上了，氣喘吁吁說：「電臺剛才宣布，蘇聯已經成功地發射了一顆人造衛星！」

頓時，舉座震驚，一片靜默。接著，戈登·哈里斯又補

充道，衛星的廣播信號使用的是普通頻率，亨茨維爾的一位無線電收發報業餘愛好者正在收聽。

布朗一下子激動起來，用梅達里斯的話說，「聽到這個消息以後，布朗因為急於傾吐自己的感情，他說的話語無倫次」。

「我們早知道他們要發射衛星！」布朗對麥克爾羅伊說，「海軍的衛星是上不了天的。天啊！放手讓我們做吧！我們的架子上就有導彈構件。我們能在 60 天之內發射一顆衛星，麥克爾羅伊先生！只要給我們開綠燈，60 天就行！」

布朗講話的時候，梅達里斯的腦海裡迅速考慮著發射之前必須做的一切工作，導彈構件必須拿下來擦乾淨，進行試驗，還必須做最後的裝配，噴氣推進實驗室的工作人員必須對衛星重新檢查。

「60 天，」布朗不斷說，「只要 60 天！」

最後，梅達里斯插話說，「不，華納，是 90 天。」

他們最後坐下來用餐，麥克爾羅伊被特意安排在布朗和梅達里斯中間，要求採取緊急措施的猛烈炮火從兩面向他夾攻。席間，不斷送來有關蘇聯衛星「嘟嘟」信號聲的報告。但是，布朗不可能當場得到麥克爾羅伊的任何承諾，因為他還沒有得到國會的批准。

布朗心裡明白，這位未就任的國防部長有很多問題要考

慮，蘇聯衛星就在他頭頂上發出具有諷刺意味的「嘟嘟」信號；布朗令人信服的連珠炮式的說理在他耳邊迴響，但是蘇聯成就的全部影響當時還沒有完全表現出來。

這天美國人大都正在關注阿肯色州小石城中心中學取消種族隔離、吉米·霍法謀求連任卡車司機工會頭頭或是米爾沃基市勇士隊和紐約美國人隊之間的世界棒球聯賽。

可是當天晚上 18 時 30 分，美聯社報導：莫斯科電臺今天晚上說，蘇聯已經發射了一顆地球衛星。據蘇聯初步宣布，這顆衛星是一個實驗用飛行器，第一次進行試驗發射。蘇聯消息說，衛星重量 83,000 克，球體直徑 0.57 米，高度大約 915 公里；速度大約每小時 2900 公里；軌道週期 1 小時 36 分 12 秒。發射衛星幾小時後，蘇聯本土以外的接收機開始收到蘇聯人造地球衛星的信號。

10 月 9 日，《真理報》說：「運載火箭第三級的空頭錐也在軌道上，這一消息強調了蘇聯早些時候聲稱擁有遠程導彈的說法。」

蘇聯的消息使廣大公眾大吃一驚，美國很少科學家估計到蘇聯的衛星發射會來得這麼快，而且軌道幾乎是圓的，又那麼高。最令人吃驚的是，衛星的重量驚人。所有這一切說明，蘇聯人已經取得了非凡的成就。

美國公眾非常震驚，很多人擔心，蘇聯人下一步大概要

扔炸彈了，美國的領空終於受到了侵犯，納粹的轟炸機從來沒能越過大西洋這條馬其諾防線，第二次世界大戰期間，據說只有一兩艘日本的潛水艇向加利福尼亞海岸開了幾炮。但是現在……

那些「布爾什維克農民」是怎樣做出這種事來的呢？美國公民對蘇聯人造衛星的普遍反應是氣憤和失望。

一些比較有閱歷的人暗示說，一個新的國家在歷史舞臺上已經搶到前頭去了，強大的美國正在變成第二流的大國。畢竟，在彈頭輸送能力方面，蘇聯發射人造衛星的火箭可以發射射程 8,000 公里的環球洲際彈道導彈核彈頭，而美國中程彈道導彈的射程只有 2,400 公里。

太空探測從來都是科學幻想小說或連環漫畫中的事。可是現在，一向穩重的美聯社報導：「小月球將於今天上午 7 時 40 分『颼颼』透過費城附近地區上空。大約一個半小時之後透過中西部各州，3 個多小時後透過太平洋沿岸地區。」

太空探測的早期倡導者詹姆斯‧加文中將在回顧過去時沒有忘記：「在某些地區，對我們的科學家做得不出色普遍存在憤怒和不滿，對蘇聯人所能做到的事如此不了解，我們自己又不具備可與之匹敵的能力，這是美國人民完全不能接受的。」

布朗和他的火箭科學家們受到了前所未有的壓力，這種

融入美國

壓力甚至大過研發更大威力的火箭,這是一種因政府有關部門和人員壓制以及不知真相的美國人帶著蔑視的抱怨而受到的雙重壓力。

的確如布朗所說,包括他在內的一些科學家,早就提醒美國政府,蘇聯有進入太空時代的可能,但是沒人相信。

在蘇聯發射人造衛星之前,有一次加文將軍帶布朗到參議院的一個委員會去。他們進入聽證室之後,布朗就開始介紹蘇聯的能力。聽了一會兒以後,議員艾倫‧埃倫德說加文和布朗一定是精神失常了,蘇聯不可能發射導彈或衛星。他剛從蘇聯訪問回國,在蘇聯,他看到街道上汽車很少以及陳舊的建築物,所以他認為他們兩人的觀點是完全錯誤的。

布朗聚精會神聽著,有時點點頭,好像承認這位參議員所說的話似的,加文有點擔心聽證會的記錄員會把布朗點頭的姿勢當做同意記錄下來。所以,加文遞給布朗一張紙條兒,建議他要小心謹慎,不要給人家以同意埃倫德意見的印象。

委員會主席把加文將軍叫到他跟前,威脅要把他攆出聽證會,因為他企圖對證人施加影響,聽證會就這樣結束了,幾年以後加文回憶道,「但沒有一個人相信蘇聯人可能發射衛星。」

對蘇聯的成功,全世界反應強烈。共產主義陣營歡欣鼓

舞，美國公眾憂心忡忡，華盛頓的高級政府官員大為震驚。為了改變這種情況，政府和艾森豪總統保持沉默。但是百姓吵吵嚷嚷，要求知道蘇聯的成就意味著什麼？這種衛星的目的是什麼？有沒有危險？

全國的電臺和電視評論員以及新聞記者對華盛頓施加強大壓力，拚命想採訪的記者，甚至見到與軍方、科學界或高級政府人士沒關係的人也抓住不放。結果，新聞電報和電波中充斥著各種說法，簡直和目前所掌握的蘇聯航天衛星的訊息一樣矛盾和混亂。

即將離任的國防部長查爾斯·威爾遜對記者們說，蘇聯人造衛星的發射「純屬科學騙局……你們睡覺的時候，誰也不會從衛星上把什麼東西扔到你們頭上，所以不必擔心。」

這種試圖抹殺蘇聯人造衛星影響的說法，沒有給公眾和新聞記者留下什麼印象。報紙社論立即作出對此不利的反應。經過 5 天的沉默以後，艾森豪威爾總統終於同意舉行一次記者招待會。10 月 9 日，他對記者們說：「蘇聯人造衛星的影響並沒有引起我的擔心，一點也沒有。」

同一天，副國務卿克里斯琴·赫托對婦女俱樂部總聯合會說，蘇聯人造衛星是「驚人的科學功績」，與總統和國防部長直接唱反調。

美國的許多盟友也認為，美國在世界上大為「丟臉」，

現在很「明顯」，美國聲稱擁有技術優勢，只不過是聲稱而已。

倫敦的《每日郵報》說了幾句不吉利的話：「大家都認為，蘇聯的勝利主要是心理上的，其危險主要也在於其宣傳作用。但是，擔心蘇聯主席赫魯曉夫進行更大的冒險，不無道理。……」

赫魯雪夫確有這樣的想法，在蘇聯航天衛星的消息成為全世界的頭條新聞之前，這位蘇聯主席已向土耳其採取了威脅性的行動。

局勢越來越緊張，最後，當時的國務卿約翰‧福斯特‧杜勒斯邀請蘇聯外交部長安德烈‧葛羅米柯到他家裡，這是一座俯瞰華盛頓石溪公園的官邸。國務卿邀請這位外交部長私下訪問他，這還是頭一次，杜勒斯想要強調的是，假如土耳其受到進攻，美國將參戰。

對葛羅米柯的邀請是在蘇聯人造衛星發射之前不久發出的，但是訪問日期定在 10 月 5 日，在蘇聯人造衛星發射之後，杜勒斯國務卿的時間選擇真是再糟糕不過了，有人猜或許是蘇聯人故意把發射衛星的時間放在這一天。

人造衛星發射兩天之後，蘇聯又宣布在高空爆炸了一個「新式的大型氫彈裝置」。從此，蘇聯開始大力研究火箭，不久傳來了蘇聯火箭部署在土耳其邊界上的消息。

　　北約成員國收到赫魯雪夫的信，信中威脅他們，如果他們允許美國在自己的領土上建立導彈基地，蘇聯將用彈道火箭發射氫彈加以摧毀，甚至如果美國直接干涉黎巴嫩和莫斯科支持的阿拉伯聯合共和國之間的鬥爭，它也會受到火箭報復的威脅。

　　杜勒斯的日子非常的不好過，從蘇聯的傲慢行為看來，在杜勒斯與葛羅米柯的會談中，威脅克里姆林宮的企圖完全失敗了，雖然軍方對「導彈差距」有種種說法和評論，但是形勢並沒有好轉。

　　空軍預言，至 1958 年底，美國將會擁有洲際彈道導彈。但是正在製造「阿特拉斯號」洲際彈道導彈的通用動力公司康維爾分公司副董事長小托馬斯・蘭菲爾打破了這一夢想。他在蘇聯發射人造衛星後不久說，美國「在今後 5 年內將不得不依靠常規武器……今後 5 年，我們將冒著生命危險走鋼絲」。

　　隨著蘇聯人造衛星的發射，西方昂貴、複雜的整個防禦結構似乎突然過時了，這一點蘇聯人也知道。「人造衛星 1 號」增強了他們的信心。

　　大約一個月後，1957 年 11 月 3 日，他們把「人造衛星 2 號」送入軌道，還帶著一隻名叫「萊伊卡」的小狗。他們的信心肯定更高了，狗的心臟跳動和呼吸聲音似乎立刻從衛星

傳到了地球上。

赫魯雪夫在蘇聯最高蘇維埃會議上說：「我們的人造衛星正在繞著世界運行……不需要戰爭就可以取得社會主義的勝利。帝國主義者無論如何都不能阻止我們向共產主義社會邁進的步伐。」

走向成熟

人類的道德應跟上科學發展的步伐，每個科學家應
多關注自己的科學研究帶來的影響，如果世界的道
德標準不能隨著技術革命而進步，世界就會出現大
亂。

——馮・布朗

成功的探索者

蘇聯發射的第二顆人造衛星引起了美國上下對艾森豪政府在太空時代故步自封的大量批評。批評家們不得不承認，蘇聯在火箭武器方面已經超過美國，在科技競賽中明顯領先。

「毫無疑問，」布朗說，「蘇聯人征服太空首先獲得成功。」

當美國公眾後來了解到蘇聯人的「人造衛星 2 號」有效載荷總重量為 500 公斤，用的是大型火箭引擎，已經具備發射洲際彈道導彈的能力時，公眾的呼聲變成咆哮和怒吼，艾森豪政府不得不改變了態度。

1957 年 11 月 8 日，各通信社都發布了來自國防部的下列消息：「國防部長今天指示陸軍部，用改進的『邱比特』-C 導彈著手發射一顆地球衛星。」

亨茨維爾的市民們喜氣洋洋，可在陸軍彈道導彈局裡，梅達里斯將軍和布朗卻高興不起來。當來自華盛頓的官方指示下達給他們時，並不是像報刊消息裡說的由「陸軍著手發射」，而是要他們「準備發射」。

透露給他們的訊息是，華盛頓打算給海軍的「先鋒號」一切可能的機會，直至最後一分鐘，如海軍的衛星真的發射成功了，「你們就把那些玩意兒放回到架上去吧！」

　　梅達里斯和布朗進行了長時間的討論，兩人決定以提出辭職向華盛頓施壓。最後，花了不少時間，他們終於得到了發射衛星的任務。

　　布朗得到准許，利用「邱比特」-C火箭發射美國第一顆人造地球衛星「探險者號」，這顆科學衛星將攜帶有計數器和發報機等設備。這種發報機是艾奧瓦州州立大學物理系主任、美國火箭技術專門研究小組成員詹姆斯·範艾倫博士設計的。

　　範艾倫原來曾經想用新的「先鋒號」火箭把他的輻射測試設備送入軌道，可是好幾次試驗都失敗了，「先鋒號」根本不能用。現在寄託於布朗的「邱比特」-C來實現他的夢想。

　　布朗不必不必分析這項工作的要求，就能告訴五角大樓他需要多少時間，從一聽到蘇聯發射人造衛星的消息起，他的腦袋就已經裝著一份說明亨茨維爾能力的財產清單，從天空中第一次傳來蘇聯人造衛星的「嘟嘟」信號聲起，他已經把該做的工作每一步都反覆想過了千百遍。

　　其實，在布朗接到命令，為發射「探險者號」準備「邱比特」-C運載火箭之前，許多基本試驗已經完成，以支持「邱比特」-C火箭進行的一系列「重返大氣層」飛行，這也為此次發射打下了良好的基礎。

　　布朗和梅達里斯共同商量，在梅達里斯的堅持下，陸軍正式向國防部要求 90 天的期限。

　　期限只有 90 天，要做的事情很多。

　　這次發射用的「邱比特」-C 多級火箭。第一級是延長了的「紅石」火箭；第二級是一組 11 臺縮小比例的「中士式」引擎；第三級是另一組 3 臺的「中士式」引擎：第四級是一臺「中士式」引擎，「探險者號」就固定在第四級前艙艙壁上。

　　看似簡單的結構，實際操作卻是常人難以想像的複雜。

　　範艾倫的測試設備產生了一大堆新的問題，「邱比特」-C 火箭需要做重大改進。在為「邱比特」-C 的軌道飛行準備的過程中，布朗和他的工作人員必須解決的最困難的問題。

　　另外，「探險者號」所需要的新零件，向亨茨維爾倉庫訂貨是解決不了的，這些新零件必須專門製造，其中許多還需要使用新的製造技術。還有，要迅速研製出適合甘迺迪太空中心操作條件的液體火箭燃料快速加注系統，成了一個讓人頭痛的問題。

　　布朗指揮著 3200 名科學家、工程師和技術人員夜以繼日工作著。布朗命令，探險者計劃的每一項修改都徹底試驗，而且都要試驗到十全十美。

　　布朗後來回憶道，在發射第一顆「探險者號」衛星前關

鍵性的幾星期內，他經常幾天不回家。「要解決這些問題相當困難，但是最後我們取得了成功。」

期限到了，「把它運到佛羅里達去，」布朗非常滿意說，「可以發射了。」

1958 年 1 月 31 日，在佛羅里達州的卡納維拉爾角，巨大的「邱比特」-C 運載火箭高聳入雲，乳白色的殼體在陽光下發出耀眼的光芒。發射場上的人們屏氣等待點火命令，在華盛頓五角大樓裡等待發射結果的布朗緊張得似乎能聽到自己的心跳。

倒計時開始了。4……3……2……1……0！

「探險者號」在轟鳴聲中飛向了天空！

當火箭到達地球上空 362 公里時，地面控制站發出一個信號，點燃第二級。第二級 11 臺縮小比例的「中士式」引擎燃燒 6.5 秒。隨後，第三級、第四級的引擎被依次點燃。

「探險者號」發射 7 分 30 秒後，達到每小時 28,800 公里的軌道速度。

布朗覺得，他過去所有的努力也許全都壓縮在這短短的 8 分鐘裡了，但是在焦急的等待中，這 8 分鐘似乎比 8 年還長！

在這歷史性的 8 分鐘裡，他變得極為不安，他可以聽到自己的心臟跳得很快，這 8 分鐘是在五角大樓通信室牆上一

座大鐘的「滴答」聲中度過的，還伴有蟲鳴和電傳打字電報機、編碼機的「嗒嗒」聲。

布魯克部長、少數經過挑選的將軍和幾位陸軍高級科學家焦急不安等待著。此時，正在佐治亞州的奧古斯塔和朋友心不在焉打著橋牌的艾森豪正等著成功的消息，然後這位美國總統就可以向全世界宣布：我們也發射了衛星。

火箭飛行順利的消息傳到五角大樓後，稍有些放鬆的布朗迅速計算，對布魯克部長和其他人說，如果「探險者號」進入軌道，它將繞地球運行，剛好在 106 分鐘後掠過加利福尼亞海岸上空，聖迭戈的月球觀察站做好了一切準備，準備在上午 12 時 41 分收聽「探險者號」的無線電「嘟嘟」信號。

只剩下幾分鐘了。12 時 40 分，威廉·皮克林博士給聖迭戈方面打了一個電話，詢問有沒有聽到來自衛星的聲音，回話是沒有聽到，時鐘的細長秒針走到 12 時 41 分了。

「你聽到了沒有？」皮克林繼續問道。

「沒有，先生。」

兩秒鐘過去了，整整一分鐘過去了。

「現在聽到了沒有？」皮克林不耐煩大聲問。

「沒有，先生。」

「怎麼搞的，」皮克林對著話筒喊道，「你為什麼會聽不見呢？」

布魯克把頭轉向布朗。「華納，」他的嗓子有些發乾，用微弱的嗓音說道，「這是怎麼回事？」

將軍們騷動起來，他們的眼睛都盯著布朗，開始互相探詢：「怎麼回事？」過了一會，他們的聲音逐漸消失。

一陣靜默之後，手裡拿著電話聽筒的皮克林激動高聲喊道，「他們聽到了！華納，他們聽到了！」

布朗看了一下自己那隻大手錶，長長舒了一口氣，說：「晚了 8 分鐘，真有意思。」

布魯克和將軍們紛紛來跟布朗握手，有人打電話給總統，艾森豪總統說了聲對不起，便離開了橋牌桌，對著擺好的話筒宣布：「美國已經成功把一顆科學地球衛星送入地球軌道，這是我們參加國際地球物理年活動的一部分。」話音裡充滿了自豪。

亨茨維爾街道載歌載舞；《時代》雜誌編輯在拚命趕寫一篇詳盡的、以布朗為封面圖片的報導；白宮準備舉行盛大儀式，在這個儀式上，艾森豪總統將向布朗頒發美國公民服務獎，美國全國各地都安排了慶祝活動……

華納‧馮‧布朗博士成了一個民族英雄。

1958 年 8 月 1 日，雷德斯通兵工廠司令官、已升任少將的托佛托伊離開亨茨維爾，到馬里蘭州去指揮陸軍的阿伯丁試驗場。亨茨維爾新老公民在大泉公園為他立了一座紀念

碑，並在紀念碑的揭幕儀式上向他表示敬意。

托佛托伊在答詞中說，他在軍隊裡服役 36 年，從來沒有看到過像亨茨維爾這麼好的社群關係。談到紀念碑時，他說：「我把那塊碑看成我們團結的標誌，你們這座城市充滿活力，充滿進取心是最接近太空時代。」

「感謝布朗博士帶給我們的榮耀！」他最後說。

進入國家航空暨太空總署

第一顆人造衛星「探險者號」成功發射以後，美國的太空技術應該朝著哪個方向發展？在之後的幾星期乃至幾個月中，對這個問題有著不少爭論。不過，可以確定的是兩個超級大國正在進行一場白熱化的競賽。

布朗提出，美國應該立即著手發展大型太空器，而且越來越多的人開始贊同他的想法了。

「你認為我們還要多長時間才能趕上蘇聯？」在全國的電視和廣播節目中，人們常常向火箭專家們提出這個問題。

1958 年 7 月 18 日，國會透過了美國國家航空暨太空法案，美國正式成立了國家航空暨太空總署。該局將把國家航空諮詢委員會吸收進去，合併負責「一切太空活動，除了與軍事需要密切相關的計劃以外」。

活躍的共和黨人、克利夫蘭凱斯理工學院的基思·格倫

南被任命為局長，他以前曾經是原子能委員會的成員，很受尊敬但是不問政治，而德賴登被任命為副局長。

根據國家航空暨太空總署的計劃，該局將吸收國家航空諮詢委員會的 8,000 多名僱員和一億多美元撥款。它接管了「先鋒號」計劃、「探險者」計劃和噴氣推進實驗室所提供的各種服務。

當時，在征服宇宙上，空軍、海軍和布朗所在的陸軍都提出了各自的計劃。但是最終都被反駁，因為艾森豪和他的顧問們確信，在載人宇宙飛行方面，軍方沒有多大作用。

太空法透過以後，德賴登提交了一份備忘錄，補充道，「指定國家航空暨太空總署朝著載人衛星計劃的方向發展，是符合總統精神的，是和美國國家航空暨太空法案的相關章節一致的。」

8 月 20 日艾森豪威爾作了決定，他把發展載人宇宙飛行的任務分配給國家航空暨太空總署。

國家航空暨太空總署獲准開始進行名為水星計劃的載人太空冒險，主要是，因為艾森豪威爾總統堅持「和平使用宇宙空間」的政策。多數國會議員、他最親密的顧問，可能還有絕大多數民眾，都贊同他的政策。

國家航空暨太空總署開創之時，布朗團隊正在加緊進行「探險者」計劃。他們得到指示，在陸軍彈道導彈局用完它剩

下的幾枚「邱比特」-C 以後，高級研究工程局將要求亨茨維爾的團隊用功率更大的「天后 2 號」另行發射探測器和人造衛星。

在一系列探險者衛星的發射中，除「探險者 2 號」沒有獲得成功外，「探險者 3 號」飛行 3 個月後於 1958 年七八月間重返大氣層，運行 5,500 萬公里。這顆衛星還載有宇宙射線強度測量設備，發現了范艾倫輻射帶，成為國際地球物理年最傑出的成就。

「探險者 4 號」是陸軍彈道導彈局於 1958 年 7 月 26 日發射的，在軌道上運行 452 天，2.6 億公里，於 1959 年 10 月重返地球大氣層。這顆 17,000 克重的衛星載有 4 個輻射計數器，為輻射區的分布和能級提供了許多極好的資料。

1958 年 12 月，陸軍噴氣推進實驗室和範艾倫的聯合研製團隊用「天后 2 號」火箭首次嘗試登月。這種太空器叫做「先驅者 3 號」，因為終點速度比預計的低 3%，未能到達月球，因而變成月球探測器。儘管如此，它還是一項偉大的科學成就，因為它提供了 10 萬公里高空輻射強度的珍貴資料，並且證明了有兩個明顯很強的范艾倫輻射帶存在。

1959 年 3 月進行的第二次嘗試，即「先驅者 4 號」，從各個方面看，它都取得了成功。它以 60,000 公里的距離經過月球，成為美國進入繞太陽永久行星軌道的第一顆衛星。

1959 年 5 月 28 日，在前一年底載小鼠猴飛行失敗後，「邱比特」火箭第二次載著猴子起飛，這一枚「邱比特」火箭的頭錐裡還載著一些生物醫學和生物物理標本。這一次，收回取得了成功。

1959 年 10 月 13 日，陸軍彈道導彈局遵照國家航空暨太空總署的指示，發射「探險者 7 號」衛星。衛星重量約 42 公斤，包含 7 項重大科學實驗，是布朗團隊的約瑟夫‧貝姆設計和研製的。到當時為止，是世界發射的最複雜、提供資料最多的太空器。「探險者」基本上都是以「紅石」火箭為基礎的舊式「邱比特」-C 送入軌道的，而「探險者 7 號」是用新的、功率更大的「天后 2 號」火箭發射的。

布朗團隊的能力和反覆發射衛星成功的記錄表示，新成立的國家航空暨太空總署遲早會吸收他們進來，只不過是一個時間問題。

其實，國家航空暨太空總署在 1958 年下半年已經做出過這樣的行動，經過反覆的較量之後，陸軍被迫放棄了由加利福尼亞理工學院管理的噴氣推進實驗室，可是對亨茨維爾布朗的團隊卻死死抓住不放。

一年以後，國家航空暨太空總署局長格倫南再度嘗試，這一次他取得了成功，國家航空暨太空總署答應陸軍，要幫助成立一個新的陸軍導彈發展團隊，即使布朗團隊從陸軍轉

走向成熟

入國家航空暨太空總署以後，也還是要繼續完成「潘興」導彈系統的研製任務。

　　格倫南得到綜合性的太空火箭研製團隊和亨茨維爾的大量設備以後，決定改造他自己的華盛頓總部的結構，以適應整個國家航空暨太空總署擴大的任務，同時也是為了解決各研究中心在研製新的大型火箭過程中產生的管理問題。

　　布朗團隊和國家航空暨太空總署密切結合在一起，給雙方帶來好處，布朗說，他對這一次轉讓「完全滿意」。1960年2月8日，他還督促國會盡快批准總統的行動。

　　布朗誇獎國家航空暨太空總署一接收龐大的土星計劃，就立即作出「明確的決定」。他說，在「土星號」上的問題，他的團隊和太空局很快達成了「一致的決議」。

　　1960年3月15日，總統關於把陸軍彈道導彈局發展管理處轉讓給國家航空暨太空總署的命令生效，國家航空暨太空總署新的運載火箭系統的全部技術和管理任務全部分配給了亨茨維爾中心。

　　這些系統是「阿特拉斯 —— 阿吉納」、「雷神 —— 阿吉納」和「阿特拉斯 —— 半人馬座」，當時進展都不大。此外，亨茨維爾當然還要繼續負責它自己的新式大型運載火箭「土星號」。

　　「土星號」火箭的第一級在亨茨維爾作為一項發展計劃

正在穩步進行之中，上面各級已經由工業商承包。完整、綜合、多級的土星系統的技術指導任務也已經交託給布朗的團隊，這項任務幾乎比所有其他任務都要艱難。

布朗作為新的國家航空暨太空總署亨茨維爾中心的主任，關心兩個面向，第一，他必須對行政和技術支持的各環節做全面補充，從人事部門到引擎的集中控制，這些工作過去一直是由陸軍負責的；第二，他必須加強那些負責處理與工業界的合約問題的機構。

他手下的人對這方面的工作並不生疏，因為即使在過去，他們也常常盡可能多向工業界購買火箭零件，如火箭引擎、遙測發射機等。但是將來在亨茨維爾，和內部工作比較起來，外部工作將會比過去更加受到注重。

就在把亨茨維爾機構轉讓給國家航空暨太空總署的命令生效時，格倫南宣布，這一新的中心改名為喬治·馬歇爾太空中心，以紀念這位偉大的將軍、國務卿和諾貝爾和平獎獲得者。這位將軍曾以提出第二次世界大戰後，美國對被戰爭破壞的西歐各國經濟援助，協助重建的「馬歇爾計劃」而聞名世界。

成功研製「土星號」

1959 年末，因為大選之年臨近，公眾對蘇聯不斷取得的

太空成就和所謂「導彈差距」越來越擔心，那時候有關部門對土星計劃的態度也開始發生轉變。

1960 年 7 月 1 日預算局為土星計劃撥款 1.4 億美元。國家航空暨太空總署局長格倫南博士說服總統又為土星預算追加 1 億美元，布朗非常興奮，他表示，這一下真的「可以大幹一場了」。

布朗團隊第一次有了足夠的錢來從事一項像樣的太空計劃，按照進度要求，第一枚「土星號」火箭要在 1961 年底上天，至 1964 年初總共要造出 10 枚。

當時，蘇聯成功發射的深空探測器重量超過一噸，而美國的「先驅者 4 號」衛星卻小得可以裝在一隻箱子裡。因此，「土星號」也是美國載人太空飛行的主要希望。

布朗團隊為了縮短產生大型火箭助推器的時間，提出了引擎組的設想，其實這種設想並不是什麼新東西，當製造一臺更大的船用引擎或飛機引擎不可能或不可取時，就使用不止一臺引擎來獲得更大的動力，布朗只不過是把這個原則應用到火箭技術上罷了。把一組現有的可靠火箭引擎放在必需的推進劑箱下面，就可以在最短時間內產生強有力的火箭助推器，這似乎是合乎邏輯的。

但是土星計劃不僅僅是權宜措施，因為它將要完成的任務範圍很廣泛，甚至在一兩臺引擎發生故障的情況下還要繼

續飛行，所以引擎組的設想將大大提高載人宇宙飛行的安全和可靠程度，多引擎的船隻和飛機，其可靠性必然大大提高，這是大家公認的。

「土星號」火箭這一龐然大物，身世可以一直追溯至它的祖先——赫赫有名的 V-2，因為從某種意義上說，8 臺 H-1 引擎只不過是把布朗及其德國同事在佩內明德研製出來的引擎加以重新裝配、加大功率、簡化和改進而已。

美國頭一批改進型的 V-2 引擎用在北美航空公司的「納瓦霍 1 號」導彈和布朗的「紅石」火箭上。它仍然具有 V-2 引擎的一切特點，如渦輪驅動的燃料和液氧泵、過氧化氫渦輪傳動裝置、用 75% 的酒精作為燃料以及複壁燃燒室等。甚至連平頂噴射頭也是根據在佩內明德廣泛試驗過的一個模型仿造的。

經過將近 8 年系統的艱苦努力，洛克達因引擎有了許多重大改進，用煤油代替酒精，增加了燃燒室的壓力，推進劑效率也增加 25% 左右。這一系列改進的結果，產生了為邱比特、雷神和阿特拉斯提供動力的洛克達因 S-3 引擎。

在國家航空暨太空總署新的上司領導下，布朗火箭團隊負責管理所有的大型太空運載工具計劃，甚至連軍方都不準使用。

他的未來計劃處變得十分繁忙，要進行一系列的調查，

研究如何把新的 68 萬公斤推力的洛克達因 F-1 火箭引擎集成
一束，為一臺龐大無比的超級助推器提供動力；如何把這種
助推器的設想，和國家航空暨太空總署與原子能委員會旨在
把該火箭引擎用於上升到超級助推器級或深空推進系統的聯
合計劃結合起來。

布朗團隊轉讓給國家航空暨太空總署這件事，有一個地
方是布朗非常喜歡的。在他的一生中，無論是在德國還是在
美國，他最心愛的計劃，不管是研究軍用火箭或太空探測
器，都只能跟隨在負責提供經費的重點軍事計劃之後進行，
甚至使他名聞世界的「探險者號」，也是靠匆忙把一些軍用
火箭集中起來才送入軌道的。

現在，國家航空暨太空總署發展大型「土星號」太空火
箭是由國會撥款的。大家都知道，「土星號」的主要使命是
為探測性目的提供太空運輸。如果將來「土星號」應用到軍
事上去，那將僅僅是一種副產品。

有了「土星號」這樣巨大的運載火箭，可能還會有核動
力用來進行深層太空飛行，布朗對月球，甚至對火星進行載
人探險的幻想將有可能實現了。

但是有兩件事令人擔心。一項和平的太空探測科學計
劃，在一年左右時間內開支可能突破每年 10 億美元，美國公
眾會繼續支持這樣的計劃嗎？

國家航空暨太空總署的一位高級官員嘲弄說：「我們的任務是趕上蘇聯，但是如果我們真的取得成功，那是上帝的幫助。」每一個納稅人都有要求得到保護和安全的基本願望，因此，國防預算得到了廣泛的支持。

但是，蘇聯的太空成就引起的舉國難堪消除之後，單純出於科學好奇心，國家航空暨太空總署的預算能得到充分的廣泛支持嗎？通訊衛星之類的東西會有商業價值嗎？

熱心青年科技教育

從 1950 年初開始，由於布朗在《柯里爾》雜誌上發表了火箭和宇宙探索方面的文章，並由沃爾特·狄斯奈拍攝了紀錄片，布朗辦公室每天都能收到火箭愛好者的大量信件。

「探險者號」發射以後，這種信件的數量猛增，閱讀和回覆這些信件成了一項艱難的任務。

有很多信是年輕人寄來的，詢問怎樣才能成為火箭專家，怎樣開始在太空工作。布朗意識到，這些火箭迷當中也許就會有未來一代的工程師和科學家，他們肩負著推動美國進一步征服宇宙的重任。

布朗的工作負擔非常重，平常空餘的時間很少，對這些來信只能作禮節性的回覆，並建議這些火箭愛好者集中精力學習數學、物理、化學等基礎課程，為以後從事火箭和太空

工程做好準備。

　　但這些年輕人的要求不止於此，越來越多的人已經開始在地下室裡造起自己的火箭來了，這些勇於探索的青年，常因為火箭意外爆炸而遭殃，報紙上經常刊登有人被炸死、被炸掉手或手指的令人傷心的消息。

　　這些消息使布朗感到惋惜和不安，後來他在給火箭愛好者們回信的同時，開始考慮一種不僅能挽救處於危險境地的青年火箭愛好者，而且能幫助他們將來成為名副其實火箭工程師的全國性計劃。

　　1956 年的秋天，一個非常特別的火箭業餘愛好者觸發了布朗的想法，使他花了相當多時間，為全國的青年認真地制訂了火箭計劃。

　　一天早上，報紙的頭條新聞報導，在北卡羅來納州的夏洛特市，一個名叫詹姆斯‧布萊克蒙的 16 歲少年，要在離家不遠一片空地上，把他在地下室裡造出來的液體燃料火箭發射到空中。而聯邦航空署認為，這樣做會對當地上空的空中航行造成危險，所以裁絕不允許他發射。但布萊克蒙拒絕遵守，依然準備讓他那枚 1.8 公尺長的汽油火箭上天，因此即將遭到嚴重的處罰。

　　那天早上，布朗開著車來到了雷德斯通兵工廠，遇到一些陸軍的對外聯絡員，他和他們談起了關於布萊克蒙的報

導。最後決定，由陸軍出面邀請布萊克蒙到雷德斯通來參
觀，並讓工程師檢查一下他的火箭；而且還要款待他，用直
升機載他去兜風，讓他看雷德斯通兵工廠的工廠，或許還能
讓他親眼看一看「邱比特」引擎的試車臺試驗。

　　從宣傳的角度看，陸軍取得了很大的成功，全國各種報
紙都在頭版刊登了布萊克蒙在雷德斯通的照片。然而，正在
早上吃著英國熱鬆餅、喝著滾燙咖啡的陸軍部長布魯克，看
到報紙後卻大吃一驚，擔心受到鼓舞的火箭愛好者會紛紛
效仿。

　　後來，雷德斯通方面證實，因為布萊克蒙那枚火箭的設
計不完善，意味著火箭可能會爆炸，因此他們拒絕了布萊克
蒙試驗發射他的火箭。這時，陸軍部長、聯邦航空署和其他
官員才又恢復了平靜。

　　但是，布朗不會忘記布萊克蒙和像他一樣的火箭愛好
者，作為美國火箭協會會員資格審查委員會主席，他經常考
慮如何幫助他們。

　　1959 年 11 月 16 日，在華盛頓召開的美國火箭協會會議
上，布朗決定繼續為這些青年以及他們的實際火箭技術訓練
努力，他在會上提出了一個全面的計劃。

　　這是經過了深思熟慮的計劃，包括設立教育委員會的建
議，在全國範圍內強調太空學的重要性，使青年了解基礎科

學的重要和自由試驗的危險，計劃還建議，全國火箭協會應該提倡，由擁有經過批准的設備的政府機構和私人機構與合格人員，共同負責火箭設備的裝藥和試驗，接著建議，應該鼓勵教師成為候補會員，美國火箭協會應該幫助這些教師，使他們能對「業餘愛好者作必要的解答。

計劃詳盡闡述了美國火箭協會應該如何尋求與其他組織合作，如衛生、教育和福利部，全國自然科學教師協會，童子軍和其他組織。準備建立發行小冊子、電影和其他材料的圖書館，還將著手制訂一個對外聯絡計劃，重點在於普及航空工業對外聯絡部門及其人員的專業知識。

布朗說，他相信，美國童子軍是一個具有與青年打交道所需要的團體。因此，他建議與美國童子軍共同執行計劃，至少在局部地區執行一年，這樣一項試驗性計劃應當包括俱樂部計劃、太空學獎章以及類似於現在的航海童子軍和航空童子軍的太空探測童子軍。

技術指導和幫助將由美國火箭協會提供，組織工作將由美國童子軍負責，如果這項試驗性計劃證明是成功的，就可以發展為全國性的計劃，其他得到承認的組織如有興趣也可以參加。布朗熱切指出，童子軍對這樣一項試驗性計劃有興趣，他們表示如果美國火箭協會願意提供必要的幫助，他們願意做。

　　布朗的建議一在美國火箭協會會議上提出，便引起了熱烈的討論，協會理事會承諾要對這件事情調查。但是幾個月後，理事會宣布其決定時，布朗非常失望，協會被要求只實施理論教育方面的計劃。

　　很顯然，布朗對這一結果並不滿意。他覺得美國火箭協會的其他理事一定會認為他是支持在地下室裡任意試驗的，而事實決非如此。他想做的只是使普遍存在的「地下」活動得到專門的管理，從而使年輕缺乏經驗的火箭愛好者們的試驗活動更加安全。

　　成千上萬年輕人極為強烈的求知慾，始終讓布朗對他們保持極大的關注。

　　「青少年如饑似渴追求知識，對那些能滿足這種追求的人應該是一種鼓舞，對那些應該提供教育手段的人應該是一種挑戰，當一個孩子追求真理時，我們應該幫助他找到真理。」布朗說。

　　實際上，太空時代的到來，尤其是蘇聯的人造衛星飛向太空，在這些方面針對美國教育制度的批評接連不斷，當人們拿蘇聯的技術和美國的技術比較時，這種批評就爆發出來，形成了巨大的浪潮。

　　「有人喊，這是『美國牌』的教育制度，為遭到最尖銳抨擊的教育方針辯護，」布朗有一次說道，「其理由是其他地

方，如蘇聯那樣的學校沒有任何可取之處。」

「在這個問題上我們應該有理智。教育的任務就是使這些青少年適應 5 年、10 年、15 年以後的社會。教育必須與未來息息相關，學校應該認真考慮，需要做些什麼才能使他們適應未來的社會呢？」

布朗認為，近來在空中、太空或海底所表現出來的技術，只不過是眾多成就中比較突出的方面，面對國外雄心勃勃的競爭，對這些新的學科、新的知識的學習迫在眉睫。

布朗指出，雖然許多城市、某些州和聯邦政府，都已經著手推進科學知識的教育，這意味著更多提供實驗室這一類的設施，建設新學校，增加教師薪水，提供研究生學習機會，以提高教學質量，這一切都是有益的，但是不應侷限在狹小地區範圍內，也不能把它看成權宜之計。只在幾個主要的城市開設周密的課程，而在其他地方不提高教育品質，這樣無數兒童還是得不到良好的教育。

「我是在歐洲的學校裡受的教育。在那裡，對一門學科的實際知識和正確運用這種知識的能力，幾乎是衡量進步的唯一標準。這種做法也許是過時的，但是我相信它在太空時代仍然是必不可少的，正如它在帆船時代和蒸汽時代也是必不可少的一樣。」他說。

「許多學校過分注重學生的個人表現、待人接物、同學

關係，似乎和這個時代有點格格不入。我們不應當忘記，專心致志的人，很少注意或者完全不注意社交的人，往往是有偉大發現的人，而人類的進步在很大程度上有賴於這種發現。」

布朗覺得，現在的學校在鼓勵深入的研究，或提供專心致志環境的學校太少了。相反地，在學生面前，有那麼多富有誘惑力的東西以課外活動的形式出現，以致學生荒廢學業。

「我不禁懷疑，如果我們的學校培養學生所花費的金錢、精力和培養運動員差不多，會得到什麼成果？總而言之，我們把重點放在哪裡？我們制訂教育計劃過多注重整體，而注重個人的需要不夠，也許我們是把通用汽車公司的裝配線技術移植到教育領域裡來了，但教育是和人打交道，不是工程性的生產，那一套是行不通的。」

「大多數問題，規模大了就有財政問題，教育也是如此。如果我們能花幾十億聯邦撥款修建新公路，花更多錢扶助農業，那麼我認為我們也有力量花更多的錢來培養美國青年的頭腦。」

布朗對比較年輕的大學畢業生的評價是，他們多數人在自己的專門學科領域中的確學得不錯，但是往往不具備相關學科領域的知識廣度，而這恰恰是他們在解決若干學科體系

密切相關的問題時所必須掌握的。

　　始終關心著教育領域的布朗，提出了許多改進辦法。例如，重新制訂基本教育課程，以適應將來的要求；挑選出盡可能年輕的，有可能對太空時代有進一步發展的未來科學家、數學家和工程師；對刻板的公立學校提供必要的設備和有益的指導；把教育重點集中在具有長遠重要性的領域；父母必須擔負起應當承擔的責任，使教師不必操心學生的待人接物等問題；滿足青年對影響他們未知事物的知識探求等。

　　不久，火箭權威布朗成了全國最受歡迎的「畢業典禮演講人」之一。

　　在布朗努力推動教育制度改革的同時，蘇聯的人造衛星和美國的「探險者號」也引起了公眾對提高教育水準和改進學校制度的關心，全國的中小學紛紛舉辦起青少年科學展覽，教師參加，工程師也參加，人們再也不對科學家抱有偏見了。

　　美國迎來了一個令布朗這樣關心教育的人士振奮教育的大發展時期，社會發生驚人的變化，不管是為了追趕時尚，還是確實有了深刻認識，反正幾乎所有的父母都要求讓他們的孩子得到最好的教育；課程加重，自然科學也變得和英語、歷史同等重要，這種變化持續的時間和阿波羅計畫一樣長。

　　在整個 1950 至 1960 年，許多院校給了布朗榮譽學位，

只要他認為對進一步推進美國技術革命進步有益，他就欣然
接受邀請去演講，他在畢業典禮演講中常常這樣說：

> 從長遠看，讓年輕人自己選擇職業對他今後的成長更
> 加有成效，這不僅是對他們的尊重，也是為了他們能
> 取得更卓越的成就。

解決發展青年才能問題的辦法可以歸納為一句話：人力
資源寶庫不容忽視！麥迪遜大道的廣告上說：「今天的圖樣
就是明天的汽車。」同樣的今天的中學生就是明天的科學家
和工程師！

布朗說，吸收比現在更多的人才，有幾個來源，這個見
解當時成了頭條新聞。他指出，一個被忽視的來源是婦女，
因為在中學畢業的女生中特殊人才的損失很大，應該鼓勵婦
女學有所成。我們需要鼓勵更多婦女主修自然科學和數學，
特別是鼓勵願意當中學自然科學和數學教師的婦女。

同時，工業界和政府不應該忽視已經獲得高等科學學位
的婦女，我們都知道婦女在戰時對科學和工業作出的貢獻。
布朗指出，我們也知道科學不是人，沒有性別之分。「為什
麼女性就不能對科學作出貢獻呢？這是沒有道理的。居禮夫
人人就是很好的例子。」他說。

布朗認為，另一個來源是經過科學訓練而又不願意退休
的老人，為年老公民找到有報酬的工作崗位，已經成為重要

的工作。聯合國從來沒有把老年醫學和使用老人的問題作為國家嚴的重挑戰來考慮。

還有感到自己被社會遺棄和忘卻的殘疾者,「每一個人都有權享受與他的能力相稱的機會,這種美國的信念為有生理缺陷的人大大增加就業機會。在工作中,殘疾者需要別人把他們作為普通人來承認和對待,以便獲得更充分的認可和機會。」

「從本質上說,人與人之間的差別只是在能力程度上。醫學上的驚人進步,新的彌補器械,使殘疾人恢復正常生活的技術,工業界和政府職業安排技術的改進,讓殘疾人有可能自立,成為有生產能力的公民。」

關注海洋世界的利用

布朗的全部業餘愛好,如閱讀、天文觀測、航海、打獵和飛行等,都是在童年和青年時期發展起來的,多年來他一直保持和培養著這些興趣。

除此之外,從 42 歲起,他逐漸成了一個優秀的潛水員。海洋世界的無數奧祕和富有挑戰性的潛水,對他有著強烈的吸引力。「和許多戶外活動一樣,」他說,「是水下探測的美妙構想使我著了迷。」

因為他本來就是一個水上運動迷,酷愛游泳,所以學潛

水比較容易。不過，這把火還是靠另一個太空迷亞瑟‧克拉克的推動和宣傳才點燃起來的。

事情發生在 1954 年一個夏日的傍晚。他的朋友弗雷德里克‧杜蘭特邀請布朗和另外兩位朋友吃晚飯，並在他家裡度過晚上，他們在花田裡休息，喝著飯後飲料，看著螢火蟲，談論著當時轟動一時有關飛碟的報導。

克拉克告訴他們，他就要到澳大利亞和大堡礁去探測並拍攝海洋，當時他已經是一個很厲害的潛水員，他驕傲談起為這一次即將到來的使命而準備的攝影器材和水下呼吸工具。

克拉克說，潛水作為一種運動，當然是十分有誘惑力的。但是他認為，以海底探測為目的的潛水應當成為未來水下科學的希望。

克拉克說：「未來，對於人類來說，占地球表面 70%的海洋，將比一切未開發的土地和大陸上的山脈、森林、沙漠、草原都更加重要。」

他預見海洋科學和海洋技術將會繁榮起來，從而解決人類對資源、食物、能量的無限要求以及生命本身的存在問題，並對此作了解釋。如果地球上的海洋也會死，那將是人類和這個星球的生物史上的最後一次大災難，克拉克接著引用大海洋學家雅克‧考斯托的話說：「可能在海洋死亡 50 年

之後，地球上的人就會全部死光……人之所以能生存，是因為地球是有水的星球。在宇宙中，液態水可能和生命一樣稀少，也許水就是生命的同義詞，海洋就是生命。」

克拉克繼續講述海洋的挑戰，講述人為了生存將怎樣向海洋索取更多資源，布朗聚精會神聽著，陷入了沉思。

我們一致認為，將來人會盡一切努力從沉積物下面取盡最後一滴石油和最後一點天然氣。我們認為，在今後幾十年中，將會在海上建設起煉油廠、油罐區、港口和管道網等設施，其中有許多座落於海底……還有各種金屬礦的開採。將來，海洋開採工業肯定會繁榮起來，也許會永遠繁榮下去……

布朗和他們一起接著對「海洋的前景」推測和假設，他說：「和金剛石對比，對多數人來說不是太有吸引力的東西，但我認為我們應該知道，清潔的淡水對於全世界的千千萬萬人是最寶貴的東西。許多國家的缺水問題是災難性的，而且情況還會繼續惡化。甚至在淡水歷來是理所當然的『免費』商品的美國，現在也開始告罄了。」

「所以在過去 10 多年中，我們已經採取了措施，從海洋裡提取淡水。美國內政部借助複雜的設備和大型蒸餾廠，每天用海水製造出幾百萬加侖淡水。然而，這僅僅是一個開端。將來美國和其他地方所使用的淡水，來自海洋的會占很

大的比例。將有幾十億加侖的淡化水用於農田灌溉、工業和生活。」

「今後將建造越來越多的發電廠。在今後 20 年中，光美國也許就要興建大約 500 家。不久以後，核發電廠將取而代之，可能將在離擁擠不堪的海岸線的地方，同時興建礦物燃料發電廠和核發電廠，有些將建在淺水中的橋型結構上，這類型的發電廠都需要幾百萬加侖水作冷卻用，需要水下管道系統和電纜系統，也需要浮標系統和維修用的海底設施。」布朗說。

「將來，使用特殊潛水船的專業潛水員，將成為一種新型的水下線路修理工。」克拉克補充道。

他們一致認為，用複雜的機械和電腦裝備的水下居住點、研究室和潛水控制站，將為孜孜不倦從事海洋研究的科學家們提供服務。這種研究應該繼續下去，關於海裡有什麼，人是永遠學不完的，海洋科學將成為未來海洋發展的關鍵和中心。

「最後，」布朗說，「我能預見，海水將成為解決能源危機的生命線，很可能在 50 年內，原子能科學家就能產生受控核聚變動力。跟我們現在應用的核動力，即裂變動力對比，聚變動力將使以海水為燃料的發電站為人類提供無限量的動力。1 升海水產生的能量比 1,000 升汽油還要多，人類就可

以把『燃料危機』這個名詞從字典上抹去。」

「我看出人類湧向海洋的情況，簡單來說，這些原因依次為：地球上的人口爆炸、世界食物短缺、淡水匱乏、能源危機、原料和資源不足越來越嚴重、陸地上的餘地越來越小。還有最後一條，人需要不斷尋求知識，需要不斷科學研究。」布朗說。

「在今後 50 年內，人類將要、而且必須要從海洋以及與海洋有關的活動中去尋求這些問題的解決辦法。於是人類的新時代就會到來。」克拉克補充道。

這幾個從事火箭研究的人，如此專心致志討論海洋的問題，也許不應該認為這只是一種現象。

「不過，」過了一會克拉克說，「華納，我並不是勸你從宇宙航行學轉向潛航學。對於你，潛水是一件趣事，一件你深得其樂的事，儘管我可以預言，你會持續這種愛好，使它成為真正著重於探測的技術，這對你將是很有意義的。」

沒過幾天，布朗就搬來了器材。一個陽光和煦的下午，他第一次繫上租來的壓縮空氣瓶，熟悉斯庫巴水下呼吸器。透過愛好，他結交了許多新朋友。

其中一個是埃德·林克，他是林克領航員訓練器的發明者，也是一個水下探測技術的先驅者。他和佛羅里達的一個造船技師小約翰·佩里設計並建造了可容 4 人的「深潛號」

潛水艇,為海底的商業活動和科學活動提供方便。

　　有一天,布朗和林克在大巴哈馬群島弗里波特海上一起水下冒險。

　　在《大眾科學》上,布朗寫到他的經歷:「你登上『深潛號』時,它還放在 18 公尺長的母船『海潛號』的船尾上。『海潛號』是埃德‧林克和馬里恩‧林克臨時的家,也是潛水艇作業的總部。林克設計了一個巧妙的起重裝置,帶有一個應變計控制器,能使起重纜繩持續繃緊。即使汽艇的船尾在波濤滾滾的海中忽上忽下,也能把『深潛號』輕輕放入水中。」

　　「在小船下潛 15 公尺直至海底的過程中,我一直趴在領航員的腳邊,透過船頭側面的圓窗往外看。20 分鐘後,我們輕輕觸到了珊瑚島之間的一片沙地。」

　　「埃德‧林克向我打手勢,要我也到密封艙裡去。在水下,潛水員可以從密封艙裡出來,再進去。他把通向前艙的艙壁門關上,用帶在船身外邊的壓縮空氣罐給密封艙增壓。當壓力上升到周圍的水壓時,他把一個朝下開的底艙門放下,水位與門洞相平。再往下一公尺就是沙質海底了。」

　　「我把縛著鴨腳板的雙腳伸到沙質海底上,站在不及腰深的水裡,頭還在充滿空氣的密封艙裡。我戴上水下呼吸器和面罩,把管口放在嘴裡,彎下腰,就浮在船外了。」

走向成熟

「在海面下不到 60 公尺的地方有兩個海底實驗室，裡面不僅有進行水下修理的工作場所，還有供休息用的床鋪，光線可以滿足看書的需要，實驗室裡採用是補充純氧，用化學藥品除掉二氧化碳的換氣方法，這個辦法比用壓縮空氣罐更經濟，也更實用。」

「用 40 多分鐘瀏覽了海底五彩繽紛的珊瑚礁的迷人景色後，我們先是返回到『海底出租汽車』裡，之後升上了海面。我離開的時候，有一個深刻的印象：埃德以及其他和他一樣的先驅者，已經使我們有可能開發海底尚未開發的巨大資源。」

布朗對潛水運動一直保持很高的興趣，也許是這種運動滿足了他不斷接受挑戰的心理，也可能是能給他的太空開發帶來許多好的靈感吧！

潛水運動還讓他對人類海底生存產生了遐想。他說：「在海底建立居住點，潛水員就可以一次在海底工作、生活幾個星期，甚至幾個月，這樣給海洋開發會帶來非常大的好處。」

「居住點可以設計成水下實驗室和旅館的結合體。在這方面，它很像太空站。兩者的用途是一樣的，但是太空站以高速繞著地球轉，而居住點通常是在一個固定不動的位置上。」

「原來，我們的載人太空計劃的目的是要知道太空人能否在太空生活和活動，同樣發展海洋居住點是要查明潛航員能否在海底生活和活動。現在，私人工業和科學機構，還有美國海軍，都已經研製並建造出居住點和往來於居住點之間的各類潛水艇和潛水器。」

「從 1970 年起，他們已經開始著手興建一些大膽的工程，包括男女工作人員一次能在海底停留好幾個星期的居住點。」

「我相信，所有這一切探索性活動，將使海洋成為食物、礦物和能量的來源，並取得巨大成果。」布朗說。

「不出十年，」布朗說，「人類食物供應的 25% 將來自海洋，而不是像現在的才 2%。各種超級技術，包括衛星的利用，水產養殖人員將開展雜交、遺傳學、營養等方面的試驗，將有可能培育出具有高度營養價值的魚和許多海產品；其他，包括後勤系統、運輸、冷凍和冷藏等方面，將會有很多的保持新鮮的方式把這類食物安全運送到最遙遠的地區。」

「我們將有多種超級牡蠣和超級蝦，有些品種是專門趁鮮消費的，其他的則用於做罐頭或以別的方法加工。」

「將來在海洋裡培養最理想的品種，幾乎像在農場上養牛一樣飼養，提高品種質量，適合於特定地理地區的特定食物

要求，是可行的和切合實際的。」

「以上這一切都有極大的發展前景，會帶給全人類一個美好的未來！」他最後說。

從各種探索中尋找靈感

對布朗來說，和太空計劃相關的一切，不管是過去的還是現在的，都是探索，沒有任何東西是一成不變的，一旦墨守成規，勢必裹足不前。布朗從少年時代在西里西亞山坡上漫步，探索者的思想開始成熟的時候起，一貫都是如此做的。

因此，每天早上從起床的時候起，他就開始探索，不管是在白天辦公或開會期間，還是在去遠方的城市出席會議的飛機上，從不停歇。也有很多場合，他喜歡獨自一個人，以各種奇特的方式探索思考。

有一次，有人問他，被海因里希·希姆萊的黑衫黨衛隊抓去後，他在監獄裡有何感想。他說：「過不了一會，我幾乎喜歡上那個地方，我有很多時間可以思索，環境很安靜。」

任何形式的探索，例如，參觀考古發掘遺址、探究古代遺蹟、學習有關野生動物棲息地的知識、在北極凍土帶進行挖掘，以證實那裡有永久凍土等，對布朗都是有意義的，這種探索是重要的，它能顯示出人最卓越的才能，它能激起工

作的興趣，並驅使他去創造。

當有人問他美國的第一顆衛星該起什麼名字時，他當即建議命名「探險者號」。1958 年這顆衛星順利進入軌道不久，他成了著名的探險者俱樂部的一員，他把第二代太空探測器命名為「先驅者號」。這兩個名字，「探險者」和「先驅者」，都是和布朗的名字，實際上也是和他的探索生涯緊密聯繫在一起的。

露特‧馮‧紹爾馬是布朗亨茨維爾時期的親密朋友和同事，她對布朗善於最大限度利用每一分鐘時間的能力總是感到十分驚訝。「依我看，他的空餘時間似乎就是他做其他事情的時間，」她說道，「我清楚記得，1969 年 6 月一個炎熱的星期天下午，氣溫幾乎快要 38 度，岡特斯維爾湖上一點風也沒有。每個人不是在水裡泡涼，就是在樹蔭底下打盹，可是他直挺挺地躺在寬敞的遊艇上任憑烈日曝晒，完全沉浸在一本希臘歷史書裡。後來，他爬起來，講述希臘社會的先進思想，這是我有生以來聽到過的最生動的敘述。」

「當時正值第一次載人登月飛行前夕，在甘迺迪太空中心有幾個星期的檢驗過程。在這種情況下，除了布朗之外，還有誰會擠出時間到希臘諸島短時間的旅行，然後帶著許多新印象，滿腔熱情地回去應付另一個極為壯觀的場面 —— 『阿波羅 11 號』的發射！」

布朗探索的大部分是針對宇宙飛行的問題。1960 年至 1970 年代初，當美國的太空計劃高速發展時，他自己在研究把太空飛行的副產品實際應用到地球上的不同途徑。

他在環球旅行，從阿拉斯加到南極洲的幾年中，看到人們在地震和海嘯過後如何受苦受難，這種天災經常給人類帶來令人難以置信的痛苦，幾乎世界的所有地區都不能倖免。沒有任何自然災害會毀滅這麼多人的生命，還帶來疾病與飢荒。

布朗覺得，他應該探索創造適用於太空條件的系統的可能性，以便有朝一日能有效地震預報。醫療衛生和許多其他有益於社會的有關科學，已經從太空探測中得到很大的好處。

布朗以他慣有的幹勁和精力，開始攻讀有關地震的論文和地球火山災害史，很快就發現，長期以來，世界遭受地震災害十分嚴重。就美國來說，兩次最大的地震災害，1906 年舊金山和 1964 年耶穌受難日的阿拉斯加地震，就分別奪去大約 500 人和 115 人的生命。當然，物質上的破壞也是極為嚴重的。

然而，給他印象更為深刻的是，世界上的其他國家發生過損失幾萬人，甚至幾十萬人的地震。1556 年 1 月 24 日中國陝西省的一次地震，大約死了 80 萬人。1755 年 11 月 1 日

里斯本地震，大約死了 60,000 人。1908 年義大利墨西拿地震死了 50,000 人，遠東和智利、祕魯多次地震，死了數以萬計的人。

布朗還注意到，許多地震學者正在公開討論今後幾年中加利福尼亞地震活動增加的可能性。在與地震學者的討論中，他還了解到，他們測量火山活動和地震活動的古老方法很不方便，而且在許多情況下只能在天氣好的時候進行。

當前，科學家們使用所謂「測斜器」和重力儀，測量出在火山口裡面和地震斷層附近預示有警告性活動的細微重力變化。但是問題在於，透過對儀器的直接觀察，要提供連貫的讀數通常是不可能的。科學家們可能受到惡劣天氣、積雪太厚、北極之夜、因大氣干擾而造成的無線電發射效果不良和其他不利條件的阻礙。

布朗則認為，一個衛星系統可以連續不斷處理來自這些儀器，也許還有來自其他改良儀器的成千上萬種記錄，不受氣候的影響。

阿拉斯加大學的羅伯特·梅里特教授對布朗說，如果他能設計出一個衛星地震報警系統，那「將是送給人類的一件受歡迎的禮物」。經常地震的加利福尼亞州的眾議員威爾遜說：「讓我們動手做吧！」

1974 年，布朗第二次訪問阿拉斯加時，又一次接觸火山

地帶。有一次，飛機在內陸西南無人區上空飛行時，他指著舷窗外，對旁邊的人說：「有這個機會在這美麗的阿拉斯加州上空自由飛翔，俯瞰巍巍群山和冰川之間裂著大口的峽谷，但我知道就在那下邊，沿著那似乎是平靜的、鮮花盛開的凍土帶，沿著那浪花飛濺的河流和寂靜的森林，人們住在臨時棚屋和村莊裡，交通不便，要解除他們的痛苦，必須用現代通訊衛星，特別是能幫助他們預報地震的衛星，以及震後可以用作安排救濟和外來援助的工具的衛星。」

他的探索繼續著，1974 年底，他在給阿拉斯加州長的建議信中，附上一份關於衛星地震報警研究潛力的簡單提要，他最初的想法是要鼓起對這種意見的可行性初步研究的興趣。他沒有公開表明這種事情可以馬上做。地震學者和其他專家需要進行長期的調查研究，但是他極力主張，初步的探索應該盡快開始。

關心太空事業的聖迭戈眾議員威爾遜聽說了這件事，這位老資格的議員說：「考慮到它可能意味著能拯救千萬人的生命，布朗博士的建議意義是重大的，我們的太空計劃花的每一分錢都是有價值的，他的建議就是一個光輝的範例。」

他接著說道：「長期以來，批評家們一直為太空冒險到底值得花多少錢的問題爭論不休。但是，在此期間，超級技術發展起來了，太空計劃有大量有用的技術副產品⋯⋯讓我們

利用太空計劃所產生出來的技術、設備和智慧，並運用它們來探討布朗博士的意見吧！這是有百利而無一弊的。」

另一次進行的探索是布朗的南極「研究之行」，這次探險是在 1967 年 1 月進行的，因為國家航空暨太空總署的領導想要讓它的科學家熟悉和月球上相似的極端情況而進行的，讓設計阿波羅器材的人們在地球上盡可能充分熟悉惡劣環境，是很重要的，於是布朗打算探索太空人面臨的全部問題，從試吃太空食品到穿太空服、參加水下漂浮和失重飛行試驗。

要了解太空人在月球上，或者因計劃外著陸或在緊急情況下落到地球上的荒涼地帶會遇到什麼情況，到南極洲的前哨基地去看一看似乎有些好處。布朗發現，這次體驗的確有意義，他為《大眾科學》雜誌寫了一篇文章談道：

「把月球飛行器或月面鑽機送上月球之前，先在南極洲進行試驗，可能是精明的做法。把自動生命偵測設備送上火星之前，先在南極洲獨特的乾燥谷裡試驗，也許是一個好主意。我認為更重要的是，在南極洲的活動為太空探索的過程上了一課，這就是我到南極洲一星期的印象，我是作為國家航空暨太空總署小組的一員去的。」

「我們到那裡去，看看人在地球的最後邊界上的活動能為太空計劃學到些什麼。南極洲有大氣，月球上沒

有。在月球上，不能用風雪大衣代替太空服，太空人也不會遇到暴風雪的危險。儘管如此，這兩個地方還是有許多共同之處。」

他說，兩種計劃的主要目的都是科學研究。這種研究有賴於遠程、複雜、昂貴、不易受破壞的後勤供應線。其研究收穫，除了科學知識之外，涉及探測的一切面向。

最有價值的收穫之一將是每年都可以產生一批富於探索精神，經受過南極環境的艱苦鍛鍊，體驗過互相配合的人才，而這種互相配合是在一切重大的努力中每天所必需的。最後，無論在南極洲還是在宇宙，試圖探索新邊疆的都不止美國。

國家航空暨太空總署南極組在這次訪問中走了不少地方。他們以美國的「入口港」和主要供應點麥克默多站為中間集結基地，訪問了紐西蘭附近的斯科特站和美國的其他 5 個站。他們在阿蒙孫 —— 斯科特站過了一夜。在那裡，布朗寫了明信片給朋友，上面畫的是一群友好的企鵝，他在明信片上寫道：「在南極向你問候，華納。」

這次南極之行使布朗接觸到國家南極計劃的日常現實，這個計劃和太空計劃一樣，是由一種「在非常美麗而又十分嚴酷的環境中實施的」。

「學到的東西是零碎的，」布朗寫道，「從我們所看到的

整個活動情況中，也許能想出一些辦法，使我們的太空計劃節省時間和金錢並避免挫折。」

美國南極站的研究範圍很廣泛，如無線電波傳播、高層大氣研究、冰川學、微生物學等。科學家的活動和需要由南極站的科學領導人協調，這位領導人對國家科學基金會南極計劃處負責。

但是科學家的福利和在緊急情況下的生存則依靠美國海軍。南極站的建造、保養、供應、通信聯絡、空中運輸，都是海軍負責的。因此，每一個南極站都有一名負責軍官，他代表南極洲海軍支援隊司令官，負責照顧全體人員的安全和補給，遇到緊急情況時，由他和南極站的科學領導人共同作出決定，並由他全權指揮。

布朗懷疑，在用於天文學研究的太空站裡，如果生命保障系統開始出毛病，問題會大大不同嗎？也許將來的太空站也應該有一個科學領導人和一個負責軍官 —— 一名經過航空和載人太空訓練的太空人。

據了解，南極站的最大危險是火災。每個站除了有火災報警系統和滅火器以外，在大約一兩百公尺外還設有一個簡單的「撤退帳篷」，裡面有收音機、食物供應、炊具和睡袋。即使總站被火災燒燬了，人員也能安然度過兩星期的暴風雪，直至營救隊趕來。布朗心想，這在月球上不也是個好辦

法嗎？但載人太空站的「撤退帳篷」又放在哪裡呢？

　　他在南極所看到的最新式棚屋，完全是在美國建造和裝配好的，它和早期在現場臨時釘起來的棚屋不同。實質上，這種新式棚屋是特別絕熱的無窗戶的住宿拖車，靠推土機的幫助，它完全埋在冰雪底下。從外面只能看到入口、一個小煙囪和幾根天線。管道和線路都已經事先安裝好，甚至連房間牆上的美女照片，似乎也是在拖車空運到現場之前就貼好的。

　　布朗心想，把一個站裝運到嚴寒的地方去之前，盡可能把它裝配完善，這辦法用於太空似乎不錯。「我們也學到不少有關地面車輛的知識，」布朗說道，「我們獲得了有關車輛設計和不同功能的零碎知識，乘車的人穿著肥大的衣服必須能爬進爬出，主要零件引擎和履帶，必須是人穿著北極服才能更換的，車輛必須是可以牽引的，最重要的是，不同用途要有不同車輛。」

　　南極洲為太空計劃提供了其他的啟發 —— 在研究方式、人才選擇和堅強意志方面。自 1960 年以來，麥克默多站的多普勒跟蹤站每月記錄到 700 多次衛星的無線電發射，伯德站定期收集來自一些美國衛星和加拿大衛星的資料。在極軌道和近極軌道上的衛星，每一圈都透過南極洲。

　　離麥克默多站和英國皇家學會動植物繁殖區不到 160 公

里的地方，是原本被冰川覆蓋的「乾燥谷」。由於最近幾個世紀降雪量減少，冰川消失，露出了大片布滿卵石的土地，以有機體形式出現的生命，由於風和鳥糞的傳播，剛剛開始扎根生長。布朗說道，「這裡是試驗在其他星球上探測生命蹤跡的理想環境。」

布朗和往常一樣，從這一次最為異乎尋常的旅行回來之後，精力充沛，熱情洋溢，他的探索欲又一次得到了滿足。在事後的幾個月裡，當他回憶這次旅行的時候，他的頭腦裡已經產生了大量的嶄新哲理和許多嶄新的想法。

他對許多不同領域知識的鑑別能力，的確對他在太空計劃中所取得的全面成績有重大的作用，當他被請去建造首次把人送上月球的龐大機器時，他已經充分做好了一切準備。

製造最大的運載火箭

世界真正進入太空時代的標誌是蘇聯太空人尤里‧加加林環繞地球飛行，那天是 1961 年 4 月 12 日。

正如布朗等科學家所預料的，美國政府對蘇聯的勝利很快就做出了反應。5 月 25 日，甘迺迪總統在國會上發表講話，他說：「美國應保證在這個 10 年中，把一個美國人送上月球。」甘迺迪提出的登月計劃就是後來著名的「阿波羅計畫」。

　　在登月計劃開始之前，需要進行一系列載人太空飛行測試。載人太空是以水星計劃開始的，布朗的團隊一開始就介入了這個計劃，他們制訂了一個分三個階段的飛行試驗計劃。

　　第一階段，用「紅石」導彈把人送上彈道；第二階段，用「邱比特」導彈把人送入更長的彈道；在最後一個階段，阿特拉斯洲際彈道導彈把載人太空艙射入軌道。為了對太空艙及其降落傘系統進行初步試驗，將使用一組「小兵號」固體燃料火箭。

　　水星計劃的基本任務是把一個人送入軌道，試驗他在太空的活動能力，並使他安全返回地面。對這種太空器規定了嚴格的要求。它必須有一個可靠的脫離系統，萬一在發射之前、發射過程中或發射之後發生事故時，可以把駕駛員救出來。

　　這種脫離系統必須是駕駛員可以控制的，能在水上降落。它載有能使它離開軌道開始返回地球的制動火箭。著陸不是靠滑翔。它將沿著彈道下降，最後降落傘展開，以控制其降落。

　　這個計劃開始時舉棋不定，一拖再拖，試驗遭到一連串失敗，全美國都在期待著水星計劃的成功，期待著美國趕上蘇聯，蘇聯的太空壯舉可以說是接二連三，美國為了擊敗蘇

聯，動員了大量資源和優秀技術力量，但因為國家航空暨太空總署機構變得越來越複雜，越來越龐大，水星計劃反而被忽略了。

直至 1960 年春天，第一次發射才準備就緒。這就是「MA-1」或稱為「水星 - 阿特拉斯 1 號」，密封艙於 5 月 23 日運到甘迺迪太空中心，但是技術困難使發射拖延到 7 月 29 日。

終於，在這一天上午 7 時 25 分，老天作美，著陸地區的天氣不錯，回收船和回收飛機報告，能見度為 8,000 公尺，海浪不大。第一次發射要達到的目的很簡單：回收不載人的密封艙，確定其結構完整性、重返大氣層時的加熱率、飛行特性和密封艙回收系統是否合乎要求，並使水星計劃全體人員熟悉發射和回收操作。

9 時 13 分，火箭點火，「阿特拉斯號」從發射場上慢慢升起。幾秒鐘後，消失在雲層之中，一路上發出「隆隆」轟鳴。起初一切似乎都很好，接著出現問題。

起飛後一分鐘，失去了與「阿特拉斯號」的一切聯繫，通信和其他記錄儀出現了空白。在所有的儀表讀數消失之前不久，燃料和液氧箱之間的壓差降到零點，顯然「阿特拉斯號」不是爆炸，就是發生了災難性的結構損壞，飛行器在距海岸大約 11,000 公尺地方掉進海裡，無法回收。

走向成熟

　　1960 年 11 月 8 日，在弗吉尼亞州瓦洛普斯島發射「小兵 5 號」火箭。「小兵 5 號」載著「水星密封艙 3 號」，用「小兵 5 號」作為密封艙樣品的首次合格檢驗飛行，試驗從高空重返大氣層，並模擬太空人在起飛早期階段萬一發生故障時遇到的同樣情況，這已經計劃一年多了。

　　試驗成功的希望只持續了 16 秒鐘，當助推器還在猛烈燃燒時，脫離火箭和應急脫離塔的拋投火箭都過早點了火。在整個彈道飛行過程中，助推器、密封艙和脫離塔緊緊連在一起，著陸時撞得粉碎。

　　這次失敗以後，其他問題成了堆。11 月 21 日發射「MR-1」再次失敗，外界對水星計劃的信心降到了最低點。

　　商業報刊發表社論，說這個計劃的方向錯了。但國家航空暨太空總署繼續做下去的勁是什麼也阻擋不了的。當時太空局來了一位新局長詹姆斯·韋伯，他決心把水星計劃做到底，直至取得圓滿成功。試驗故障和失敗，布朗早已司空見慣，在任何一個火箭發展計劃中都發生過，不必感到絕望，但是必須付出更大的努力。

　　1961 年 5 月，一枚「紅石」火箭把艾倫·雪帕德中校發射出去，進行亞軌道飛行，使他成了美國第一個在宇宙飛行的人。兩個月以後，弗吉爾·格里森少校進行了同樣的飛行。

194

繼謝潑德和格里森的飛行之後，在 1962 年 2 月 20 日，即尤里·加加林成功地繞地球的 10 個月後，海軍陸戰隊上校小約翰·格倫登上「MA-6」時，成功繞地球飛行。

水星計劃中出現的事故和麻煩，計劃中的所有載人飛行全都成功實現了。

水星計劃證實了美國航空太空局走的路是對的，強而有力的載人太空計劃應該繼續下去。下一個計劃是雙子星座計劃，這個計劃實際上早在 1961 年 12 月 7 日就已經宣布了，它是水星計劃的延續。

執行雙子星座計劃，是為了在水星計劃和太陽神計畫之間這段時間內，推進美國的載人太空能力。簡單地說，雙子星座計劃的目標是實施必要的發展和試驗計劃。例如，證實長時間太空飛行的可行性，至少達到完成月球著陸任務所需要的時間；完善為實現兩個太空器在軌道上會合和對接的技術和程式；取得精確控制重返大氣層和著陸的能力；證實艙外活動能力；提高飛行人員和地勤人員在載人太空飛行中的操作熟練程度。

設有兩個乘位的「雙子星座號」太空器和「水星號」的密封艙一樣，也是圓錐形的，但是更重、更大，比「水星號」寬敞一半，需要一枚 19 萬公斤推力的「大力神 2 號」運載火箭把它送入軌道。同時，「雙子星座號」也複雜得多。

走向成熟

　　從 1964 年 4 月 8 日至 1965 年 12 月，在甘迺迪太空中心發射了一系列不載人和載人「雙子星座號」都獲得了成功。

　　其中，「雙子星座 7 號」成功飛行 14 天。在飛往月球表面並且返回地球的這段時間內，飛行人員和太空器令人滿意的表現，消除了之前的許多質疑。此外，「雙子星座號」的飛行使人們對飛行人員能執行時間更長的飛行任務充滿信心。

　　更加激動人心的成就之一是成功發展了兩個載人的太空器在軌道中會合的種種技術。在太空實現會合的能力是太陽神計畫成功的基礎。在「雙子星座 7 號」以後進行的每一次飛行，其主要目標都是為了會合。「雙子星座 7 號」一共完成了 10 次會合，使用了 7 種不同的會合方式或會合技術，實現了 9 次飛船與目標飛行器的對接。

　　在雙子星座計劃中，確實也出現過許多「近距脫靶」技術問題和設備故障。從一次飛行至下一次飛行，設計上往往有許多更改，但是整個計劃是十分成功的，它確實給載人太空計劃帶來了巨大的希望。

　　正當公眾注目於水星計劃和雙子星座計劃的同時，在馬歇爾太空中心，布朗的團隊在發展首批「土星號」運載火箭方面也取得穩定進展。國家航空太空員和國防部聯合組成的「土星號」火箭審定委員會，從 4 個輪廓草圖中挑選了一個

「土星 C-1」，後來簡稱「土星 1 號」，於 1959 年 12 月開始研製。

鑑於「土星號」運載火箭用途的性質，太空科學家們稱之為「運載工具」。

至 1961 年，已經確定用「土星 1 號」作為新的 3 乘員載人宇宙飛船的實驗用運載器，飛船暫時定名為「阿波羅」。

第一枚「土星號」命名為「SA-1 號」，於 1961 年 10 月 27 日在卡納維拉爾角發射升空。1964 年 5 月和 9 月，「SA-6 號」和「SA-7 號」又分別成功把模擬的阿波羅密封艙送入軌道。

這兩次飛行表明，飛船和運載工具配合良好，代表著當時美國推力最大的火箭運載工具獲得空前成功。

在「土星 SA 系列」火箭之後，布朗又開發了推力更大的「土星 1B」火箭。「土星 1B」高 68 公尺，直徑 6.6 公尺，滿載時重 650 噸。火箭的總體設計由布朗完成。

布朗認為，「土星 5 號」要取得成功，就需要集中最優秀的工程設計和管理才能。把整個工程分成若干部分，分包給那些有較高品質的承包商，就可以使更多的高級人員為這個計劃出力。

布朗為承包商制定了技術標準和質量要求，並嚴格驗收。他經常警告大家，不能有任何粗心大意，要保持一切管

道、閥門和燃燒室的清潔。他要求全體工作人員和承包商每
項工作都要像瑞士手錶那樣準確，不能出現任何差錯。

北美航空公司、波音公司、克萊斯勒公司等都是火箭製
造的主要承包商，他們對布朗的敬業精神深有感觸，也深表
敬佩。

「土星 1B」火箭研製工作進展有序而快速，1965 年 4 月
1 日，在亨茨維爾首次進行第一級的試射。兩個月以後，在
加利福尼亞州薩克拉門托，第二級也在測試設備上驗收。

1966 年 2 月 26 日，「土星 1B」火箭帶著一個不載人的
阿波羅太空器在甘迺迪發射中心進行了首次亞軌道飛行，達
到了預計高度。「土星 1 號」和「土星 1B」雖然已經是龐然
大物，但是要把 3 名美國人送上月球，還需要更加強大的運
載工具。

馬歇爾太空中心裡，數以千計的工程技術人員在布朗的
帶領下又開始了「土星 5 號」的研製工作，這是準備把美國
人送上月球的運載工具。

「土星 5 號」是種三級火箭，整個「土星 5 號」裝配好後
總高度達 110 公尺，加注燃料後總重量 290 噸，可以把重約
50 噸的飛船送上月球，或把 150 噸的載荷送入繞地球軌道。
整個火箭系統及其地面輔助設備、零件達 900 萬個。

為了容納巨大的運載工具，必須在甘迺迪太空中心建立

同樣巨大的設備，54 層 160 公尺高的垂直裝配大樓，是世界上最大的建築物。裡面有 4 個巨大的隔間，可以同時豎起 4 枚運載火箭及其太空器，並進行裝配。

1967 年 11 月 9 日，「土星 5 號」高高聳立在發射臺上，阿波羅指揮艙、服務艙和模擬登月艙等也都準備就緒，就等著發射了。

上午 7 時，隨著倒計時完畢，「土星 5 號」騰空而起，飛行過程中，火箭的每一級工作性能都完美無瑕，包括第三級的兩次點火，把指揮艙加速到每小時 40,000 公里，這是模擬它從月球回來時將達到的速度。

起飛 8 小時 37 分以後，指揮艙在距離夏威夷大約 965 公里的太平洋上降落，並且安全回收。126 噸的有效載荷也打破了以前的一切紀錄。

在「土星 5 號」研製成功以後，登月艙也在同時進行改進和完善。12 月 25 日，也就是聖誕節那天，布朗和他的團隊在卡納維拉爾角成功發射一枚「土星 5 號」運載火箭，把弗蘭克·博爾曼及其乘員組駕駛的「阿波羅 8 號」送入繞月飛行軌道，這是人類有史以來離月亮最近的一天。

實現登月夢想

1969 年 7 月 15 日，布朗休息時，用一個小時的時間檢

走向成熟

查第二天早上的發射程式表。這一次一切都和以前大不相同。他只穿件襯衫，盤腿坐在地板上，望著窗外。

佛羅里達的夜晚，溼熱而漆黑，他打電話給他的老朋友和同事，甘迺迪太空中心主任庫特‧德布斯，祝他明天好運，並核對了一些不重要的細節，他才上了床，仰臥著，在這不尋常之夜，閉著雙眼做禱告。

布朗睡得不太好，天沒亮就起床了，他的心思早就飛到幾公里外的甘迺迪太空中心去了。在那裡，巨大的「土星號」月球火箭筆直地矗立在發射架上，它將要去進行人類歷史上劃時代意義的巨大冒險，讓人類首次在月球上登陸。

甘迺迪太空中心已聚集了大批的人，清晨 4 時，布朗來到了發射控制中心，電梯把他送上巨大的控制室。庫特‧德布斯在那裡指揮著一個 50 多人的團隊。他們坐在一排排的儀表板後面，透過儀表板監視著 6,000 公尺外巨大太空器的每一個活動零件。

他很快就找到了庫特‧德布斯，得知發射準備進展順利。在鄰近一間用玻璃圍起來的小房間裡，他戴上耳機，審視了高掛在他面前的幾個電視螢幕，又看了看在他跟前的幾個刻度盤，馬上進入倒數計時。

這是一個令人焦急不安的時刻，但是每一個的操作都高度專業，井井有條進行著。

　　在離發射場大約 6,000 公尺外，來自世界各地的要人雲集於此，急匆匆在看臺上各自找著座位，前總統約翰遜也來了。還有 206 名眾議員，30 名參議員，19 名州長，49 名市長，聯邦最高法院的法官和政府的部長，69 名大使，102 名外國科學使節和武官，來自全世界的大約 3,000 名記者，還有成千上萬的美國公民。

　　他們全都意識到，自己即將目睹重大歷史事件的發生。火箭發射要麼成功，要麼失敗，甚至可能在眾目睽睽之下在發射臺上爆炸。

　　布朗以前發射過的所有「土星號」火箭，工作性能都是完美的，沒有任何瑕疵。但是這一次的任務卻非同一般，它要一直飛到月球表面上，然後再成功返回地球。這整個任務所包含的內容遠不止發射階段，也許還有其他環節隱藏著未知的問題。

　　激動人心的時刻就要到了，電視螢幕上顯示，3 名太空人走下高高的人行棧橋，進入高大火箭頂端的指揮艙，控制室裡的氣氛更加緊張，離發射只差幾分鐘了！

　　通信員的聲音開始進行最後的計數。「10……9……8……」接著，「土星號」火箭第一級的 5 臺引擎以巨大無比的推力猛烈衝擊著發射臺。這一推力等於 1.8 億匹馬力，或者大約相當於北美洲全部河流發電總量的兩倍。

走向成熟

　　氣勢雄偉的飛船徐徐上升，後來加快了速度。發射控制中心距離發射臺 6,000 公尺之遙，起初聽不到巨大的轟鳴聲。不一會，轟鳴聲傳來了，充滿了整個控制室。當巨大的白色火箭升得越來越高時，有些人擔心，5 臺引擎發出的「噼啪」聲會把發射控制中心的窗玻璃震破。

　　漸漸，火箭消失在雲層中，廣播宣布，一切系統正常，這意味著整個火箭系統的成千上萬個零件，全都在正常工作著。由布朗和政府與工業界的 15 萬名工程師、科學家設計和研製的，由 8,000 家美國公司製造的零件組裝起來的巨大火箭，正在飛向月球。

　　以後的兩天中，尼爾·阿姆斯壯、埃德溫·奧爾德林和麥可·科林斯等 3 名太空人，勇敢進行著歷史上最危險的太空旅行，全世界的人都心急如焚等待著。

　　在拋下「土星 5 號」的第一級和第二級，第三級第一次點火以後，「阿波羅 11 號」進入了繞地球的駐留軌道。在繞地球一週半以後離開地球飛向太空的最後決定做出之前，太空人和地面操縱員再一次對所有的系統進行了最後檢查。

　　7 月 16 日中午 12 時 16 分，飛船飛越太平洋上空的時候，德布斯經休士頓飛行控制中心同意，下令再次點燃「土星號」第三級，把太空器推向超越月球的軌道。這時，布朗目不轉睛地注視著。飛船的工作情況極好。當「分秒不差」

準時停車得到證實時，整個發射控制室充滿了歡樂的氣氛。

另一個緊張時刻是中午 12 時 40 分。這時下達了指揮和服務艙脫離「土星 S-4B」火箭的命令。太空人掉轉太空器的方向，把月球著陸飛行器即登月艙從火箭上摘下來。由「哥倫比亞號」指揮艙和「小鷹號」月球飛行器組成的聯合飛行器，繼續向月球作慣性飛行。太空人繼續在宇宙進行無動力飛行時，布朗正在趕往休士頓飛行控制中心。

飛行從 7 月 16 日星期三下午 14 時 15 分持續至 7 月 19 日星期六下午 13 時多，太空人做了一些中段校正，休士頓飛行控制中心肯定他們做得「很出色」，軌道十分準確。

7 月 19 日星期六下午 13 時 26 分，服務艙的火箭引擎點火，把飛行器送入繞月球橢圓軌道，接著繞月球飛行了 4 個小時。下午 17 時 42 分，服務艙引擎再次點火，把「哥倫比亞號」送入一條精密的軌道，在離月球大約 110 公里的高度掠過月球。

尼爾·阿姆斯壯和埃德溫·奧爾德林睡了一夜之後，爬進了「小鷹號」。7 月 20 日星期日下午 13 時 42 分，他們和繼續待在「哥倫比亞號」裡的麥可·科林斯分手，為即將降落在月面的蜘蛛狀登月艙做準備。

這次飛行的決定性時刻到來了，全世界的人都守在收音機和電視機旁。

走向成熟

　　下午 15 時 12 分，「小鷹號」下降引擎點火，飛行器開始向月面降落。飛行控制中心裡的閃光燈不停閃爍，登月艙在不斷減速，正在向月面弧形飛行。

　　但是在距離月面一定高度的地方，閃光燈停滯在一個地方。雖然還在不停閃光，但是下降速率停止了！對布朗和飛行控制中心的人來說，這最後的幾秒鐘是極為痛苦的。

　　「小鷹號」在很低的高度上盤旋，阿姆斯壯還在設法把飛行器駕駛到沒有小卵石的地區，下降階段的燃料儲備已經降低到危急的程度。

　　「這裡是靜海基地！『小鷹號』已經著陸！」阿姆斯壯的聲音打破了沉寂，此刻是下午 16 時 19 分。這簡直是令人難以置信的，然而卻是千真萬確的事實。安裝在「小鷹號」外面的電視攝影機向大吃一驚的世界證實，這不是神話。

　　飛行控制中心充滿了歡樂，坐在控制臺後面的每個人都拿出一面小小的美國國旗，人們的眼框溼潤了。

　　科林斯駕駛的「哥倫比亞號」繼續在上空盤旋。阿姆斯壯和奧爾德林則在「小鷹號」裡面待了好幾個小時，他們向休士頓不斷報告他們透過飛行器的窗戶所看到的東西，後來他們開始檢查重新安全地升入軌道所需的一切複雜系統。最後他們為走出飛行器，踏上月球這一歷史性時刻做準備。

　　1969 年 7 月 20 日美國東部夏令時間 22 時 56 分，阿姆

斯壯站在飛船舷梯最下面的一級階梯上，伸出他那穿著靴子的腳，在月球上踩出了人類的第一個腳印，接著，他說了一句不朽的話：

「這是一個人的一小步，卻是人類的一大步。」

27 分鐘以後，奧爾德林也走出登月艙。當他走到月面上時，第一句話就讚嘆說：「啊，太美了！」他也像阿姆斯壯一樣，很快學會了地球人不習慣的移動方法 —— 跳躍。他們時而用單腳蹦，時而又用雙腳跳，有點像袋鼠。

兩人在月球上放置了一塊金屬紀念牌，上面鑲刻著：「1969 年 7 月。這是地球人在月球首次著陸的地方，我們代表全人類平安到達這裡」。

此時，奧爾德林和阿姆斯壯在月面上的活動成了前所未有的最熱門的電視節目。兩個太空人在月面上來回走動，開始進行科學實驗，他們調著電視攝影機，把月球影像傳回地球。

太陽照在月球上，太空卻漆黑一片，月球水平線的弧形，和身穿閃閃發亮太空服的太空人一樣，白得耀眼，而兩個人和「小鷹號」投下的影子是黑的，形成了鮮明的對比。

當時，全世界都看到太空人在月球的土地上插上了美國國旗，並且為之歡呼。接著，總統透過無線電話對太空人講話。

　　阿姆斯壯和奧爾德林在月面上待了兩個半小時，收集了20,000多克月球岩石，在放置了一些科學儀器之後，他們離開了寂靜的月球回到飛船裡，把艙口密封好以後就開始呼呼大睡，養精蓄銳，準備踏上返回地球的旅途。

　　7月21日星期一下午13時55分，登月艙將嚴格按照預定時間從月球上起飛。飛行控制中心用無線電向月球發出電報：「『小鷹號』，準備起飛。」

　　阿姆斯壯用航班機長的行話回答道：「明白了，我們立即起飛。」接著，他按動電鈕，「小鷹號」就飛離了美麗而神祕的月球。

　　當時就在尼爾·阿姆斯壯身邊的奧爾德林後來私下對布朗說，當時他聽了尼爾的回答覺得十分好笑，竟然忘了按啟動鈕，當然後來很快得到糾正。經過4個小時的謹慎駕駛，校正位置，「小鷹號」和「哥倫比亞號」對接成功，科學家們稱之為完美的太空會合，之後3名勇敢的太空人駕駛飛船飛向地球。

　　許多有影響的領導人、科學家和評論員極盡褒獎之詞：歷史上最偉大的成就，人類最美妙的時刻，人類史上無可比擬的功績等。美國總統尼克森說：「這是自上帝創世以來世界歷史上最偉大的一星期。」

　　把阿姆斯壯、奧爾德林和科林斯3名太空人送上月球，

並載著他們返回地球，大約用了一星期時間。7 月 16 日清晨，他們乘坐「阿波羅 11 號」太空器從甘迺迪太空中心起飛；7 月 24 日清晨，航空母艦「大黃蜂號」在夏威夷西南方 1,900 多公里的太平洋上進行回收，接到了他們。

「阿波羅 11 號」完美的月球之旅終於圓了布朗兒時的夢想，這位阿波羅飛行的總設計師，運載火箭的發明人，從此時起便被人們譽為「現代太空之父」。

數以億計的人在電視機上注視著「阿波羅 11 號」飛行，透過收音機收聽著從月球上發來的太空人的聲音，全世界都為之轟動。

教皇保羅六世在梵蒂岡天文臺看電視的時候，舉起手，高聲說道：「榮耀屬於至高無上的上帝，願全世界善良的人們安享和平。」

捷克斯洛伐克發行了特種紀念郵票；波蘭人在克拉科夫體育場舉行了飛行塑像揭幕典禮；全世界都發出了良好的祝願。「不，這不只是本世紀的重大事件，」《解放了的巴黎人報》寫道，「這次冒險是自從地球出現人類 150 萬年以來最激動人心的事業。」

尼克森總統看完「阿波羅 11 號」起飛的電視節目後幾小時，簽發了一項公告，宣布了全國參加月球探險日。

「『阿波羅 11 號』正在飛往月球，」他在公告中寫道：

走向成熟

「它載著 3 名勇敢的太空人，還載著地球上億萬人的希望和禱告。對地球上的人來說，踩上月球的第一步，將是一個無比激動人心的時刻，人類還從來沒有進行過這種史詩般的冒險。」

對於人類征服月球的重要意義，以及這種征服在人類渴望和平和進步方面的重要性和結果，時間將會作出證明，但是沒有人會懷疑，1969 年 7 月 20 日是迄今為止人類歷史上最重要的日子。

太空人還在返航途中時，就有人問布朗和國家航空暨太空總署的其他科學家們，美國的太空計劃下一步怎麼走，有人談到了復用太空飛機和巨大的太空站。

但是就當時而言，更重要的似乎是，1969 年還要再進行一次阿波羅飛行，1970 年至 1972 年也許還要進行 8 次至 10 次飛行。因此，大家為「阿波羅 11 號」的飛行員安全歸來高興了一陣之後，布朗、國家航空暨太空總署的工程師和技術人員以及航空太空工業界，立即著手為計劃中的 11 月分「阿波羅 12 號」飛行做準備工作。

在政治家們看來，「阿波羅 11 號」是一個極為重要的頂峰，是宣傳上的勝利。但是在布朗、科學家們和全世界熱心太空科學的人們看來，這僅僅是一個開端。

「阿波羅 11 號」飛行對科學界的價值是重大的，但是全

世界的實驗室和科學研究機構要對科學證據充分評估，作出充分解釋，還需要更多的岩石樣品，還需要進行許多試驗。

光是對月球上的第一批岩石作出結論性的分析，就得用好幾個月時間，單憑這一次取樣，他們還不能斷定，整個月球到底是由什麼組成的，有多大年齡，是如何形成的。因此，對這些科學家來說，更多的阿波羅飛行是完全必要的。

在政治家的眼中，人類在月球上著陸意味著一場大規模的國際宣傳戰的結束，也意味著在征服宇宙的競賽中，美國已經對蘇聯取得了決定性的勝利。

11 月 19 日，「阿波羅 12 號」再次登月，並成功地完成了前所未有的準確著陸。

「阿波羅 11 號」的任務主要是工程學，研究和試驗把人送上月球並使他們返回地球的運輸系統。科學家們希望透過「阿波羅 11 號」找到問題的答案，例如，要製造能遠途飛行往返於月球和地球的飛船，包括要在月球上安全著陸，在月球的惡劣環境中生存，從月面上起飛而對太空人沒有危險等，我們的技術和實際知識是否完全具備？太空人能在月球上安全行走嗎？他們能與地球聯繫嗎？他們能在那裡工作嗎？

對這些問題和許多其他類似問題的回答都是肯定的。因此，後來的一系列飛行越來越注重科學探測，「阿波羅 12

走向成熟

號」則是其中頭一次。「阿波羅 12 號」的太空人在月球上進行了很多科學實驗和工作，停留的時間比「阿波羅 11 號」的飛行員長一倍半。太空人康拉德和比恩在月球上共待了 31 個小時 30 分鐘。

太空人在月球上待的時間雖然長，但工作計劃還是安排得很緊，建立起一個科學實驗室，由 5 臺高精尖研究儀器組成，這些儀器在大約一年之中可以把有關月球的資料送回地球。他們收集了大約 45,000 克岩石和土壤。

科學家們檢驗了這些樣品，從中尋求月球和太陽繫起源的線索，認為這些「文獻性」樣品，比起「阿波羅 11 號」飛行員隨便挖取的「大塊」樣品來，其研究價值要大得多。

「阿波羅 12 號」飛行給人印象最深刻的是，在預先選定的著陸地點準確著陸。登月艙「勇猛號」著陸的地點，離兩年多以前即 1967 年 4 月 20 日「勘測者 3 號」裝有儀器的月球飛行器著陸的地點不遠，步行可達。

太空人對這一月球飛行器進行了仔細檢查，並把它的一些零件帶回到地球上來，為科學家們認識月球環境對飛船金屬器件的長期作用提供了大量資料。事實證明，這對以後太空設備的設計具有巨大的價值。

「阿波羅 12 號」的指揮艙「揚基式快船號」安全返回地球時，人們照例熱烈歡迎英雄的太空人勝利歸來，包括

晉升、通令嘉獎、頒發獎章、在遊行中向他們拋綵帶表示歡迎等。

「阿波羅 12 號」的成功，使美國 12 年狂熱的太空計劃達到了空前的高度。

12 月 17 日是奧維爾‧賴特首次飛行 66 週年紀念日。「阿波羅 13 號」就在這一天搬出來，安放在發射架上，計劃在 1970 年 3 月起飛。

1970 年是布朗和太空技術界的其他成員百感交集的一年。這一年是進行更多寓言般月球飛行的一年，但也是對計劃重新評估、拖延擱淺、縮減經費、許多國會議員和其他官員對太空技術的熱情大大下降的一年。

令人難以置信的是，1969 年蘇聯在這一年取得了巨大的進展。1970 年，蘇聯人在載人和不載人的宇宙飛行方面，在繼續努力征服宇宙方面，重整旗鼓，聲威大振。

1970 年，美國在太空技術方面幾乎是以災難開始的。從 4 月 13 日到 4 月 17 日整整 4 天，人們都在痛苦而焦急等待著，想要知道飛船受到嚴重損壞之後，3 名正在掙扎著回家的太空人的命運如何。

和往常一樣，布朗曾到場對發射進行監控。「土星號」月球火箭又一次順利起飛了。4 月 11 日，太空人小詹姆斯‧洛弗爾、小弗雷德‧海斯和小約翰‧斯威加特乘坐「阿波羅

13 號」，穿過佛羅里達上空，進入天空，向月球飛去。一切都很正常，系統的情況也極好，甚至當時在甘迺迪發射控制中心和休士頓飛行控制中心的國家航空暨太空總署官員都預料，這又是一次成功的月球探險。

美國公眾對載人月球飛行有點沾沾自喜，似乎到月球上去已經成了家常便飯，但是後來發生的 4 月 13 日的事件，讓公眾大為震驚，太空局的官員們也目瞪口呆，「阿波羅 13 號」飛船在飛行兩天，離地球約 33 萬公里，距離月球約 4.8 萬公里時，發生了爆炸。

太空人報告爆炸後不久，休士頓的遙測接收機上顯示，「阿波羅 13 號」飛船裡氧氣壓力降低。隨後，太空人自己對儀表板上所表示的異常情況認真研究，並且開動了各種子系統，進一步證實是服務艙裡氧氣瓶爆炸。情況危急，事關生死存亡，在月球上著陸肯定不行了。

現在要緊的是太空人能不能活著回到地球。

服務艙幾乎完全癱瘓，幸好他們還和登月艙掛在一起，登月艙有自己的推進系統和生命保障系統。但是登月艙是為月面上的日曬環境設計的，而不是為太空 4 天航行的熱環境設計的，因此如果用於返航，它的機務員艙很快就會變得太冷。

飛行人員和飛行控制中心的人員交換了意見，考慮了太

212

空人可利用的一切設備，最後製定了一個解決辦法：用紙板和塑料包裝物把空氣從登月艙中透過管道輸送到絕熱更好的指揮艙裡去。

登月艙的下降引擎本來是為人在月球上軟著陸而設計的，現在卻被用來把他們送回地球。採取措施以後，飛行人員和飛行控制中心的人員估計，「阿波羅13號」安全歸來的可能性大約有50%。

飛船暫時還得繼續向月球飛行，還有許多東西必須發揮作用，指揮艙才能安全懸掛在它的3個降落傘下面。即使如此，剩下的氧氣也還可能剛好在重返大氣層的緊要關頭耗盡。

奇蹟發生了！透過地面太空控制中心和太空人緊密配合，4月17日，嚴重損壞的缺氧飛船透過修正再入大氣層走廊，隨後在太平洋上安全降落。

太空計劃開展12年以來，這一次降落是最令人高興的。它確實證明了，載人宇宙飛行的成功不僅僅是一個運氣問題，還必須有充分的訓練和有力的飛行保障，飛行人員才能從近乎災難性的險境中解脫出來。

在解決問題後的兩年裡，又相繼進行了「阿波羅」14號、15號、16號登月飛行，均獲圓滿成功。

1972年四五月間，「阿波羅16號」飛行過後沒幾天，

太空技術探索又獲得重大進展。莫斯科的克里姆林宮和華盛頓的白宮，這兩個自從 1957 年以來一直在太空競賽的冷戰中比高低的國家同時向全世界宣布，兩國將共同完成一項載人太空計劃，包括一艘「聯盟號」飛船和一個阿波羅密封艙在地球軌道上接合。這種接合稱為多種目的的「國際會合和對接飛行」，最重要的目標是為未來的蘇聯太空人和美國太空人取得拯救能力。

尼克松總統在莫斯科參加歷史性的首腦會晤期間正式宣布，聯合太空飛行將在 1975 年 7 月進行。實際上，在兩國的科學家之間，1970 年 10 月就已經開始議論要實現這一項驚人計劃。

屆時，蘇聯將發射一座巨大的「禮炮號」不載人太空站，發射成功 3 天後，3 名太空人將乘坐「聯盟號」宇宙飛船進入繞地球軌道，並且連接在 15 公尺長的「禮炮號」的一端。

3 名美國太空人將從甘迺迪太空中心起飛。當他們繞地球 15 圈飛越大西洋時，他們將把阿波羅飛行器連接在「禮炮號」的另一端上。在以後的 56 小時中，3 名美國人和 3 名蘇聯人將一起繞著地球轉，一起工作，一起航行，一起吃飯，甚至一起睡覺。

這 6 個人將接受兩個飛行控制中心的領導，一個在休士

頓，另一個在拜科努爾。來自兩個不同國家的人，有史以來頭一次一起在宇宙飛行。

布朗評論說：「關於特殊營救飛船的談論很多，文章也寫了不少。但是分析一再表明，潛在的危險很多。只有宇宙的飛行器才能及時營救。隨著雙方太空交流的日益增加，在將來，很可能出現兩國的太空人可以互相幫助的局面。」

1972 年，布朗領導下的團隊、國家航空暨太空總署的實驗室、太空工業界、全國的科學機構和研究中心，取得了大大小小的技術突破。冶金、低溫學、固態物理學和許多其他方面，都取得了進展。技術期刊上經常發表太空副產品和附帶意外收穫的成果的報告。整個太空事業的進步，帶動了其他許多與人類生活相關的行業快速發展。

但是，在一次次成功之後，有許多人認為，太空技術只是「迷人的太空把戲」，國會已經不再熱心為它撥款了，而公眾則滿足於已有的成就。太空事業的提倡者和太空科學家們憂慮重重，「阿波羅 17 號」出現在地平線上，也許意味著「一個時代的結束」。

「阿波羅 17 號」如果不出問題，將表明整個阿波羅計畫取得徹底勝利。這對全世界未來的太空探測來說，有著標誌性的意義，而對火箭工程師布朗本人來說同樣具有重大意義。

　　發射日期是 12 月 6 日，「阿波羅 17 號」將在深夜裡起飛，在太陽神計畫中，這還是頭一次在夜間發射。這天，布朗看著高聳入雲、沐浴著藍白色的燈光，頂端裝著阿波羅飛船的「土星 5 號」火箭，像一個雕塑家在欣賞自己塑造出來的最滿意的作品，他等待這一個意義特別重大的時刻的到來。

　　飛行小組由兩名太空人和一名科學家組成。「阿波羅 17 號」計劃飛行 13 天，是時間最長的一次。在布朗幫助工程師們排除了一個在倒計時階段電腦程式方面的問題後，「阿波羅 17 號」飛向了夜空。

　　12 月 19 日午後不久，「阿波羅 17 號」在薩摩亞群島東南面的太平洋上降落。很多人認為，這次成功的冒險是「本世紀內最後一次載人月球旅行」。

　　但是布朗樂觀地說，如果我們「在 10 年之內又把人送上月球」，他不會感到驚奇。尼克森總統說，「阿波羅 17 號」是「開端的結束」，暗示美國將繼續探測宇宙，征服宇宙。

　　太陽神計畫結束了。太空局面臨的下一個挑戰是建立第一個美國太空站 —— 天空實驗室，預期在 1973 年發射。接下來就是太空飛機計劃。

　　在 1970 年的後 5 年中，該計劃將在太空事業中占支配地位。許多專家感到，在太空飛機計劃不斷取得成功之後，

我們將進行月球探測的「下一階段」，即在月球上建立基地和帶人天文臺。布朗說，「在未來的年代裡，我們丟下月球不管，那是不可想像的。」

　　至 1970 年代初，布朗以卓絕的努力在事業上獲得了巨大的成功。但是他不準備躺在榮譽的桂冠上過日子，不準備退休或離職。他雖然已經到了花甲之年，但仍然老當益壯。他和其他人一樣，對阿波羅計畫取得的成果很激動，他渴望繼續在太空這條道路上走下去，並準備以充沛的精力去迎接新的挑戰。

走向成熟

英年早逝

讓學生們弄髒雙手，使他們懂得鏟走一立方公尺的
泥土意味著一立方公尺的辛苦、汗水和肌肉痠痛，
對他們一輩子都有好處。

——馮·布朗

英年早逝

出任助理局長

「阿波羅」11 號成功登月以後，新的航空太空局局長佩因發現，由於技術上的成熟，現在即使沒有布朗，不管還存在什麼計劃管理問題和設計改進問題，他那些同事也能將馬歇爾中心很好運作下去。

於是，佩因把布朗從亨茨維爾調到華盛頓去，任命他為代理助理局長，讓他在總部負責制訂未來的計劃，分配給他的頭一項任務就是爭取使國會批准一項載人火星計劃。

布朗提出讓一組太空人飛到火星上去並且返回地球的設想，佩因和他的其他同事已經仔細研究了，這項計劃包括一組「土星 5 號」火箭，它們可以把兩艘諾瓦核火箭動力星際太空船的設備和燃料送入低地軌道，並在軌道上進行裝配和添加燃料，然後從軌道上出發飛往鄰近的行星。

計劃還包括一個和阿波羅登月艙一樣的登火星艙，美國國家航空暨太空總署把這整個計劃看成是一項「超級阿波羅計劃」，這也是美國國家太空技術的第二代目標。

火星計劃在許多方面是布朗在 1950 年代初期就已經提出來的建議的現代翻版。但在他的腦袋裡始終縈繞著一個問題：他真的能把這一雄心勃勃而又需要耗費巨資的計劃提議給國會嗎？

佩因博士、布朗和美國國家航空暨太空總署的其他局級

領導人，帶著他們的詳細建議出席了國會會議。布朗和平常一樣，以他的專門知識、準確性和獨特的魅力，介紹了為載人火星探險而認真制訂的計劃。

參眾兩院的委員會成員們滿懷興趣聽著，還問了許多問題，但他們幾乎沒有人想讓美國再承擔一項巨大的太空計劃，因為阿波羅飛行的成功已經向全世界證明，美國已經遠遠跑在競爭者的前面，這項超級阿波羅計劃被認為沒有什麼必要了。

除此之外，尼克森總統對火星計劃也有些心不在焉，他在爭取國會批准時，沒有像在 1961 年提出歷史性咨文時的那股衝勁。

1970 年 1 月 13 日，在美國國家航空暨太空總署總部舉行的記者招待會上，佩因博士說，他正在「修訂太空計劃的規模，使美國國家航空暨太空總署的總開支符合 1971 財政年度所能得到的預算」。

他指出：「今天我準備採取下列行動：『土星 5 號工程』完工之後，無限期停止生產『土星 5 號』運載火箭；把阿波羅月球飛行的發射間隔延長至 6 個月，在 1972 年阿波羅應用計劃太空站飛行期間，月球探險推遲進行；把發射『海盜號』火星不載人著陸器從 1973 年推遲到 1975 年的下一次火星機會。」

「我們已經宣布關閉馬薩諸塞州坎布里奇的電子研究中心。我們估計，為美國國家航空暨太空總署的計劃工作的美國人總數，將從 1970 財政年度結束時的 19 萬人減少至 1971 財政年度結束時的大約 14 萬人。」

佩因博士接著概述了美國國家航空暨太空總署將怎樣把阿波羅月球探險計劃進行到底，直至發射「阿波羅 19 號」。除了「阿波羅 11 號」和「阿波羅 12 號」外，還有 7 次月球飛行。

「1971 年我們將把兩艘不載人的飛船送入火星軌道，」佩因繼續說道，「1972 年把第一個探測器送上木星，1973 年讓一艘飛船飛經金星和水星，我們要著手設計復用太空飛船。」

「按照原來的計劃，1972 年將利用現有的阿波羅技術發射第一個實驗性太空站，這一項阿波羅應用計劃將把一個大工廠送入軌道，人將要在軌道上學習如何完成有益的任務，時間長達幾個月。」

以上這些項目就是 1971 年的太空計劃。

總統和國會不支持載人的火星探險，他被迫接受大大縮小了的美國國家航空暨太空總署計劃，對此他顯然感到失望，就離開美國國家航空暨太空總署，回到私人工業中去了。

在此過程中，布朗一直待在美國國家航空暨太空總署總部，騎虎難下，不知如何是好。要是他知道，佩因博士在國會拒絕接受火星計劃之後，會離開美國國家航空暨太空總署，他當初也許就不會接受佩因博士的邀請到華盛頓來。此外，佩因博士的繼任者詹姆斯·弗萊徹博士又馬上對布朗說，他打算利用緊縮的預算，堅持做到底。

布朗以總部代理助理局長的身分立即著手處理這一問題，這個問題是兩項最花錢的計劃：完成天空實驗室太空站和復用太空飛機，這兩項計劃在大刀闊斧削減經費時得以倖存。

太空飛機計劃成了一個極其重要的問題，因為當時給予太空飛機構型的計劃發展經費是 100 億美元，這實際上會扼殺美國國家航空暨太空總署提出的所有其他太空科學計劃和應用計劃。

1970 年初，天空實驗室載人太空站進展情況良好，而且基礎很扎實，但是太空飛機處於初級的設計階段。天空實驗室是布朗最喜歡的計劃之一，從土星計劃開始的時候起就開始發展了。

就在亨茨維爾公民為布朗一家舉行盛大歡送會的那一天，即 1970 年 2 月 24 日，阿波羅用計劃裡的軌道工廠計劃重新命名為天空實驗室計劃。布朗來到華盛頓的新辦公室

時，天空實驗室計劃由 S-4B 軌道工廠、密封艙、複式對接接合器和阿波羅望遠鏡等組成。1971 年初確定 1973 年 4 月 30 日為計劃發射日期。

美國國家航空暨太空總署總部載人宇宙航行處的天空實驗室計劃辦公室負責計劃的全面管理；亨茨維爾的馬歇爾太空中心負責研製和裝配多數主要零件，這些零件都是在布朗指導下造出來的；布朗則可以在他新的辦公室裡協調這兩單位的合作。

天空實驗室飛行的許多目的，還有載人太空站的整個基本設想，布朗早在幾十年前就已經闡述得一清二楚了。看到天空實驗室計劃取得成功，布朗感到特別欣慰。實際上，和布朗長期共事的阿圖爾·魯道夫說，「1930 年，在庫默斯多夫軍官俱樂部布朗住的地方，他就已經在不止一個晚上談到這種宇宙飛行的設想了。」

1972 年 5 月 14 日，在布朗的指揮下，甘迺迪太空中心成功發射了天空實驗室。起飛很順利，但是緊接著，天空實驗室發生了嚴重問題，起飛後大約一分鐘，天空實驗室圓筒形主體部分 —— 巨大的外部星體防護罩脫落，帶走了一個未展開的太陽電池組，把穿過第二個電池組的一塊金屬片弄彎了，使剩下的這一極其重要的電源無法展開。然而，附著在阿波羅望遠鏡裝置上面的其他 4 個太陽電池組按預定計劃投

入使用。

太空站太熱了，動力又不足，迫使飛行控制中心的飛行控制人員必須在太空人救難小組到達現場之前，找出使重達100 噸的飛船保持穩定的辦法。

天空實驗室發射 11 天以後，修理小組進來了，帶來了可以展開的遮陽板和幾項臨時匆忙設計製造的特殊工具。這些人員過去曾在馬歇爾中心，按布朗的要求在水下試驗箱裡，認真實踐和模擬在失重情況下進行救援的每一個步驟，這些準備工作得到了很好的回報。

修復成功後，遮陽板展開了，另一個太陽翼也能自由活動並且提供定額電力了，太空實驗室開始執行它的預定任務。

在阿波羅計劃的全盛時期，布朗曾因堅持要在馬歇爾中心建造水下失重模擬試驗箱而遭到批評，但當天空實驗室的第一批太空人回到地球上時，他們證實說，要不是利用了曾經引起爭論的馬歇爾中心水下試驗箱，天空實驗室的修理工作和太空站的成功飛行就無法完成。他們挽救了價值 20 億美元的天空實驗室計劃，把一場迫在眉睫的大災難轉變為巨大的成功。

到年底為止，天空實驗室已經繞地球 3,350 多圈，先後3 組每組 3 人的太空人在裡面住過。第三小組於 1972 年 11

月 16 日用火箭送抵天空實驗室，執行無限期的飛行任務，後來持續達 84 天，於 1973 年 2 月 8 日在太平洋降落。

天空實驗室計劃取得了極大成功，正如一位專家所說的，單就太陽研究，太空人以前所未有的決心，在紫外線和紅外線中拍攝了太陽和太陽表面上的詳細現象。

天空實驗室的太空人還為一門新科學 —— 失重加工和製造，奠定了基礎。他們製造出在重力之下不結晶，但是在失重情況下形成大型人造晶體物質。

他們還成功證明，密度差很小的物質的「電泳」分離，在失重情況下可以提高很多倍，這種技術在製藥工業中大有發展前途，在製藥工業上，生產藥物或血清所達到的純度，往往是決定其安全應用的限制因素。

天空實驗室的太空人還收集了醫學數據，為持久的載人失重飛行建立起醫學數據基地，因為阿波羅計劃還有其他飛行任務，確實可以建立起這樣一個基地。

最後，許多科學家一致認為，天空實驗室已經證明：由於該計劃取得成功，並有實用價值，美國可以盡快開始建設永久性的太空站了。可以想像，這些太空站不但能容納設備，還能住得下 12 名、20 名，甚至 50 名太空人、研究人員和科學家。

布朗在美國國家航空暨太空總署總部就任代理助理局長

的職務時，不僅他領導下的天空實驗室的工作進展十分令人滿意，他還致力於改進 100 億美元太空飛機的棘手問題。

《假日》週刊雜誌社得知後馬上要求安排與布朗的會見，討論這個題目。

當時，美國國家航空暨太空總署的設計人員所想像的太空飛機，是由兩艘互相重疊的有翼飛船組成的。比較大的一艘包括助推器部分，馱在上面的比較小的一艘用作載人軌道飛行器，這兩級都可以靠滑翔回到飛機場上，供下次再用。

「太空飛機兩個組成部分的重複使用，能夠返回發射場，將大大增加將來太空運行的機會，」布朗在與《假日》雜誌記者的會見中說道，「發展太空飛機系統很花錢，但是因為太空飛機的組成部分可以反覆使用，重複飛行不會太貴，所以從成本的觀點來看，未來的各種太空運行會更加富有吸引力。」

他接著描繪道：「由於有了太空飛機，就可以在太空使用標準實驗室設備和儀表裝置，至少在某些飛行任務中可以這樣做。我們在不載人的飛船上所使用的某些自動化複雜設備，每 1,000 克至少要花 20,000 至 60,000 美元，但是一些商業性的實驗室設備和儀表裝置大約只要花費這個數目的 1% 至 10%。因此，這種創新是有意義的。」

「我們設想，太空飛機可以用於三種明顯不同類型的飛行

任務。」

「第一種是直接把東西運送到相對低地軌道上，例如，把旅客或貨物送到太空站上去，返航時又把另外一些旅客和在太空站且收集到的大量資料運回來；可以把一艘不載人的飛船帶到低地軌道上，並由太空飛機的一個特殊飛行小組管理飛船隨後的飛行；還可以飛去找回已經壞掉或者需要翻新的人造衛星，把它拉到貨艙裡來進行必要的修理。」

「第二，我們在太空局裡預料，我們將會需要『突擊式』的太空飛機執行飛行任務，這將包括在沒有太空站的軌道上進行的、持續時間有限的載人科學飛行，譬如說，為期一星期或者一個月。例如，這樣的飛行可能是在極近的太陽同步軌道上對太陽進行為期兩週的專門研究，在這樣的軌道上，你永遠不會經過地球的陰影，太陽望遠鏡和增壓艙將由太空飛機貨艙運上天去，觀察人員則在增壓艙裡工作生活、吃飯和睡覺，就像在一般房屋裡。」

「第三，我們預料，會增加對大載荷飛行的需要，這樣的飛行將要求用一個炸彈狀的大型貨艙代替太空飛機駄在上面的那部分，而3臺軌道飛行器火箭引擎則安裝在其後部，太空飛機的第一級將再次以大約五倍於音速的速度分離出去，無翼貨艙將繼續把自身推入軌道。如果有效載荷輕一些，它甚至可以一直進入同步軌道，或者進入繞月軌道或行星軌

道。」

「你相信到本世紀末，真的會有成百上千各界人士遨遊宇宙太空嗎？」

「是的，我預見，在宇宙太空將會有大量活動。當然在宇宙太空旅行總是和在地球上旅行不同的，但是我們應當記住，今天是新穎奇特的事，明天就會變得習以為常。在現代機器、設備和技術進步發展起來之前，我們星球上有許多地方是旅行者無法到達的。內燃機、飛機、直升機、潛水艇和其他運輸方式，加上有效的通信系統和導航設備，已經使我們能夠對地球上所有的山脈和海洋探測。」

「遙遠地帶如南極洲，禁區如撒哈拉沙漠，今天都已輕易可達。有許多年，一談起羅爾德．阿蒙森和其他對我們星球的南北極地區進行探測的勇敢冒險家的故事，我便對他們肅然起敬，但是後來當我有機會到南極去時，我覺得自己並沒有什麼了不起，阿蒙森是坐著帆船和狗拉雪橇去的，而我的同事和我是舒舒服服乘著增壓加熱飛機去的。」

布朗考慮到在美國國家航空暨太空總署緊縮預算的情況下，這 100 億美元的巨額開支可能給許多太空科學計劃和太空應用計劃造成的大破壞，所以他反覆向美國國家航空暨太空總署新任局長詹姆斯．弗萊徹博士、副局長喬治．洛博士提出要研究，這個昂貴的設計方案是否可以用一個少花錢的方

案來代替。

一個月以後，布朗研究出了新的太空飛機構型，可以使這個項目節省 50 億美元，也就是節約研製開支的一半！

新設計的關鍵是，原本設計的有翼返航助推器將用固體燃料火箭助推器代替，這種助推器可以用降落傘降落在海洋上，進行回收，重新加注燃料，下次再用，最終結果將是簡化的太空飛機，成本只要原來的一半。

1972 年 1 月 5 日，尼克森總統宣布，美國國家航空暨太空總署將研製一種低成本的復用太空飛機，從而最後批准了這一方案，他說，這一系統的中心是一種能在地球與軌道之間穿梭往返的太空器。

軌道飛行器大體和 DC-9 飛機一般大小，長約 37 公尺，翼展約 24 公尺，軌道飛行器能夠帶著重達約 15 噸的有效載荷在普通跑道上著陸。

它將使近太空運輸可以常規進行，因而發生革命性的變化。它將使太空學擺脫以天文數字計算的巨大開支，總而言之，它將大大推進把太空學應用於實際中，把太空科學中大量有好處的、有價值的研究成果運用到全人類的日常生活中來。

在此之後不久，美國國家航空暨太空總署宣布了一系列太空飛機合約，最初的研製階段可以開始了。

　　1972 年 6 月 10 日美國航空太空局突然宣布，布朗已經辭去代理助理局長的職務。

　　至此，他已經為美國陸軍工作了 15 年，為美國國家航空暨太空總署工作了 12 年。儘管他可以更早就退休辭職，但是他還沒有達到美國國家航空暨太空總署法定的 65 歲退休年齡。

　　到底出了什麼事，他怎麼會突然辭職呢？他與上級和同事的關係都很好，他們也都極力挽留他，但是這個時候布朗覺得，實際上他對美國國家航空暨太空總署已經沒有多大用處了。

　　美國國家航空暨太空總署今後 10 年的規劃已經闡明得一清二楚，並為此訂出了許多美好的計劃，實際完成這些計劃的任務已經分配給「專業組織」，即由美國國家航空暨太空總署出類拔萃的部門負責人和各研究中心主任組成的領導集團。

　　布朗當時是美國國家航空暨太空總署總部的一名職員，他的職責是計劃「正式列入計劃」以外的東西，但是因為全面的預算緊縮，要給任何重大的新目標開闢新起點都已經成為不可能。

　　載人火星工程無聲無息了，阿波羅登月計劃已經接近尾聲。天空實驗室 8 個月飛行計劃的準備工作，正在馬歇爾中

心順利進行。下一代的大工程太空飛機分配給休士頓的約翰遜太空中心，並已在節約開支的 50 億美元的新設計方案基礎上進行。

布朗當時才 60 歲，於是馬上有人猜測，他可能會投向一家大型工業企業，如太空飛機的主要承包商羅克韋爾國際公司，人們猜測中的單位還包括波音公司、湯普森・拉莫・伍爾德里奇公司、國際商用機器公司或 10 多家大工業中的任何一家。多年來，布朗多次接到工業界的重金聘請。

他接受了費爾柴德公司的聘請，布朗認為，在即將出現有益於人類的一切新的太空活動中，費爾柴德公司的直接電視廣播衛星「ATS —— F」是最有發展前途的一種。

1972 年 7 月，布朗平生第一次為一間私人公司工作，擔任該公司工程和發展的副總經理。

受聘私人公司

費爾柴德公司在 20 世紀 70 年代初是一家已經成立 50 多年，由航空公司發展成的現代化公司，是美國的技術基地之一。

費爾柴德公司雖然不是真正的巨頭，但是機構龐大，有 6 個分公司和分布在 7 個州的 8 家子公司。在業務方面，涉及的範圍包括軍用飛機和商用飛機、載人飛船、不載人的太

空衛星、衛星通信系統、飛機和飛船的子系統和零件、航空座椅、航空食品和飲料服務設備、雷達系統和氣象系統等。

當時,費爾柴德公司正在大力發展太空衛星業,把衛星技術用於地面服務以改善地球上人類的命運,肯定和布朗接受尤爾的聘請大有關係。

布朗盼望把他的大部分時間和努力用於促進各種衛星技術計劃的發展,包括教育衛星、通訊衛星、保健衛星、資源地圖測繪衛星、環境控制衛星等。從野生動物保護到汙染和海洋上的石油溢出,乃至於提高海洋學和生態學的研究水平。天氣預報、飛機導航,甚至地震報警或地震研究等方面的衛星,也還有大量的工作可做。因此他預見,單在這一領域,費爾柴德公司就有無限的發展天地。

費爾柴德公司憑多年的行業經驗認識到,太空通信的潛力實際上是無限的,它進行了深入的研究,發展和探討設計原理,製造出為民用軍需服務的先進系統。

布朗加入費爾柴德公司時,有關第二代直接電視廣播衛星、為環球通信服務的下一代國際通訊衛星、跟蹤和數據轉發衛星、定時衛星和太陽輻射衛星、地球觀察衛星、小型技術應用衛星、空中交通控制衛星、多種任務衛星、使用核能源的多功能「公共汽車式」飛船、各種軍用和分類太空器的合約研究,有的已經完成,有的正在進行。

　　布朗確實加入了一個將對他那先驅者的熱忱和專事探索的頭腦提出異乎尋常的挑戰的組織，這裡是肥沃的土地，可以充分發揮他的活力和始終如一的幹勁，利用已獲得的或即將獲得的太空知識進一步為人類造福。

　　1972 年 7 月，在布朗的參與下，費爾柴德公司正準備在不到兩年時間內發射最引人注目、給人印象最深刻的不載人太空衛星，即直接電視廣播通訊衛星。

　　這種高度複雜的衛星，除了能完成許多其他任務之外，還能把電視節目播送給邊遠地區低成本的電視接收機，播放給阿拉斯加的愛斯基摩人，阿帕拉契和洛磯山脈各州的分散居民，甚至通信設備極為缺乏的印度村莊。

　　在需要雙向電視線路的地方，例如，對沒有醫生的村莊裡的病人遙診，也可用大一點的、花錢大的地面站滿足這種需求。布朗的直接電視廣播衛星研究，以及把這種衛星進一步應用於其他國家的潛力，結下了不解之緣。

　　起初，直接電視廣播衛星將只能為美國的特定地區服務。美國國家航空暨太空總署的直接電視廣播衛星，如果在赤道加拉巴哥群島上空大約 36,000 公里的地球同步軌道上，它就能和地球 24 小時的旋轉週期協調一致，從而保持在地球上空的一個固定點上。

　　它將用於試驗各種新的太空通信設想：向邊遠地區的小

型低成本地面接收裝置播送衛生和教育節目、航空和海上通信、定位和交通控制技術、飛船跟蹤和數據轉發。直接電視廣播衛星總共將進行 20 多項技術試驗和科學試驗，其中有許多項已是國際範圍的。

直接電視廣播衛星設計的關鍵，也就是使這種衛星不同於過去一切通訊衛星的因素，是設想把動力放在衛星裡面，而不是放在地面上，使地球上的普通接收機能直接從衛星上收到電視和無線電廣播。在地面上使用一個直徑幾十釐公尺的傘形天線對準衛星在太空固定位置的方向，就可以在遼闊的地區內，用普通民用電視機收看電視廣播。

布朗加入費爾柴德公司時，直接電視廣播衛星正在費爾柴德太空和電子公司的工廠裡裝配，也就是在與費爾柴德工業公司總部毗鄰的那座建築物裡。

直接電視廣播衛星的重量約有 1.4 噸，其主要組成部分是一個地球觀察艙，連接在一個可展開的反射天線上，天線展開時直徑有 9 公尺。電力將由兩個半圓筒形的太陽板供應。發射日期定在 1974 年 5 月 30 日。

飛船一到站，衛生、教育和福利部的衛生教育遠距離通信試驗將在洛磯山區、阿帕拉契各州、華盛頓州和阿拉斯加州進行。遠距離通信將首次向這些邊遠地區的幾百萬美國人播送高質量的教育和衛生節目，這些地區多山，接收地面發

射臺的廣播是很困難達成的。

地面接收設備是由小型傘形天線和一個小小的變頻器組成的，它專為一臺電視機服務，如教室裡或醫院裡，或者把信號輸送給當地的公共廣播微波系統或電纜系統，從而大大增加觀眾。每套設備大約可為 300 個接收點服務，開支不到 3,000 美元。

直接電視廣播衛星的設計可以轉播兩種不同彩色電視信號，每種信號伴有 4 個聲道，可以同時廣播幾種語言的節目。觀眾可以選聽英語、西班牙語或者美國幾種印第安方言中的一種。

早在發射直接電視廣播衛星前，布朗就產生了致力於研究進一步改進這種衛星的設想，因為這種衛星覆蓋面受到限制，按照印度政府和美國政府之間的安排，將於 1975 年夏把直接電視廣播衛星移到非洲維多利亞湖上空。這樣一來，阿拉斯加、洛磯山脈各州和阿帕拉契地區的衛生和教育通信服務就要停止。

所以布朗滿懷希望認為，如果直接電視廣播衛星證明是成功的，將來就有可能為全世界各個地區都提供一整套這種衛星，為進一步探討這種設想，他到處旅行，並有機會和一些國家的領導人，如伊朗國王、印度總理英迪拉·甘地等，一起討論通訊衛星的未來潛力。

第一次阿波羅登月飛行成功以後，太空探測的魅力開始逐步消失。隨後，太空工業一落千丈。在這種情況下，布朗仍然保持鎮靜。他堅持認為，在太空計劃所帶來的「附帶結果」和副產品諸領域中，願意重新組合的工業公司還是大有可為的。

1973 年，美國國家航空暨太空總署曾經宣布，單這一年，在開展綜合技術利用計劃中，作為太空技術附帶結果的革新項目多達 2,000 多例。

布朗說：「自從 11 年前開始實行這項計劃以來，已經登記和報告的革新項目有 30,000 多項。這一努力是把極大好處的太空技術轉為民用的焦點。結果，幾百種重要新產品相應用項目變成了我們日常生活的組成部分。」

「如果你要挑選出一項太空技術的副產品，你首先想到的是什麼呢？」有記者問。

「今年透過技術利用計劃所採用的一項最激動人心的革新技術，也許是可再充電的心臟起搏器，這種獨特裝置是用原來設計作太空用途的電子元件改裝而成的，是在美國國家航空暨太空總署領導下，由約翰斯·霍普金斯大學應用物理實驗室研製出來的，這種裝置一旦植入，可由病人在家裡用外部電源進行再充電，再也沒有必要每兩年動手術一次更換普通裝置了，而且它比以前的起搏器更小更輕。」

「太空計劃還產生了具有應用於當代國內和國際問題巨大潛力的技術副產品。幾年前,我們採用氣象衛星探測出中東的塵暴、加利福尼亞的森林火災和世界各地的水汙染。美國國會委託的獨立機構的調查表明:不久,透過太空研究所產生的知識,人類每年可以獲得 800 多億美元的利潤,受惠的地方如醫學、通信、食物、礦物資源和水力資源、地圖繪製、大地測量、天氣預報和控制、空氣汙染、空中和海上交通控制以及大量的工業和管理應用。」

「我們現在有證據說明,我們有能力把太空技術用來為地球上的人類服務。拿地球資源技術衛星來說吧,自從去年 7 月發射以來,它已經用無線電發回 2.6 億平方公里山脈、草原、沙漠和海洋、湖泊、江河、水庫以及森林、牧場、農場和城市的實況,100 多萬張照片已經分發給美國的 300 多個調查機構和 36 個其他國家。」

「從地球資源『技術衛星 1 號』所獲得的情報和資料看,監視城市發展和計劃未來土地利用是可行的,我們還可以估計莊稼產量,查清木材資源情況。地球資源『技術衛星 1 號』還幫助我們確定空氣汙染和水汙染的地方,繪製露天礦和森林火災痕跡的地圖。」

「它正在發現線性地形特徵,這種地形特徵已經出現一些令人驚異的考古學發現,可能有一天能幫助預報地震;它還

正在勘探礦藏和石油。它幫助我們以現代化方式繪製地圖、海岸圖和領航圖。此外，地球資源『技術衛星 1 號』還能監視火山，調查移棲性水鳥的繁殖地，研究水災危險，確定海洋生物分布。」

「我們發射地球資源『技術衛星 1 號』，確實是對的。最新的氣象衛星『雨雲 5 號』也是如此。它每天都在測量所有海洋上的雨量分布，這種資料是從來沒有得到過的，而對於長期預報又非常重要，但是資源管理系統要有意義，就必須在全世界範圍內使用，希望從它的巨大潛力中得到好處的國家都應該參加。」

「透過應用龐大的衛星系統能解決我們這麼多緊迫的社會問題，你覺得人們對此能理解嗎？」一個記者問他。

「如果他們至今還不理解，我們應該繼續盡一切努力說服他們。」布朗說道。

1974 年 5 月，在布朗的帶領下，電視廣播衛星組裝完成，並在卡納維拉爾角成功地發射升空，又一項太空奇想變成了現實。直接電視廣播衛星取得巨大成功，高品質的衛生和教育節目播送到用戶家裡。而且使用了英語、西班牙語、印第安語等多種語言，受到廣泛讚譽。

事後，布朗接受邀請，和費爾柴德公司總經理埃德·尤爾一造成阿拉斯加去，向州當局、軍界和商界人士介紹將來

單獨為阿拉斯加發射一個直接電視廣播衛星式的飛行器的可能性。

從阿拉斯加州南部的安克雷奇到北冰洋上的普拉德霍灣，布朗和官員們一起察看未開墾的叢林地帶，一起出席會議。他對阿拉斯加極其嚴重的通信問題了解透澈，使聽眾們深深感到吃驚。

布朗說：「作為公共通訊衛星的副產品，阿拉斯加可以獲得大量的環境保護服務，例如，準確確定阿拉斯加沿海水域的海上石油溢出的位置，監視管道破漏，維持海洋治安，防止外國漁船侵入，收集地震、洪水和森林火災資料等。」

他接著說道：「我勸你們盡快仔細考慮公用衛星問題，這對於阿拉斯加的子孫後代可能具有重要的意義。」

根據布朗的建議，阿拉斯加州對利用通訊衛星來解決該州遼闊和荒蕪的特點，所造成的大量問題進行了不少認真的研究。直接電視廣播衛星一年來已經引起了阿拉斯加州人的極大興趣。後來，這項衛星按美印兩國間協議被移至非洲上空為印度服務以後，人們感到生活中出現了驚喜。

優秀的指揮

赫爾曼‧奧伯特教授是布朗早期在德國從事火箭研究時的良師益友，他後來曾這樣寫道：

> 布朗是人類進入宇宙的先驅者，儘管障礙重重，但他
> 對自己的目標從不動搖，他是新技術的創造者之一。
> 他代表著一種新型的科學家，集學者、工程師和管理
> 人員於一身。

他像一個樂隊指揮一樣，指揮著各種獨奏演員，並懂得怎樣把他們引向一個共同的目標，他的成功是建立在他的天才和幹勁的基礎上的，但是他的為人品格也同樣重要。

特別是在亨茨維爾的歲月裡，政府內外的美國航空太空界人士，對學者、工程師和管理人員三位一體的布朗的才能逐漸有了正確的認識。和布朗密切合作過的成百上千名專家中，許多人都還清楚記得在各種工程計劃中發生過的無數奇聞逸事。

有一次，發射和控制實驗室的一個工程師小組花了很多時間，設計並研製出一種從導彈中釋放出臨時管纜連接器接頭的機械裝置。工程師們先在工作臺上對這種裝置進行了測試，為保證在表演給布朗看時能順利運轉，進行了多達 12 次的試驗，並全部成功，於是把布朗請來看下一次試驗。

工程師們專心展現自己的新發明，可是偏偏這次試驗卻失敗了，現場的工程師們都感到非常尷尬，然而布朗沒多說什麼，只是向工程師小組指出：在他們邀請他的過程中，過多的試驗次數使裡面的鋼珠磨傷了釋放裝置的插銷。

布朗向他們建議，在插銷裡面放一個環槽，使鋼珠和插銷之間形成線接觸，而不是點接觸。工程師們按照他的意見對這一裝置重新設計，加進了環槽。從此以後，臨時管纜釋放器再也沒有出過毛病。

鮑勃‧施溫哈默是雷德斯通兵工廠早期的工作人員和計劃管理人員之一，他回憶起他曾經領導一個工程師小組，為設計一種真空泵而拚命工作。有些專家說，他們需要這種真空泵解決太空器某一段內部的溼度。儘管這項計劃投入了大量工時，但是施溫哈默仍遇到挫折。

有一天，他在辦公室裡遇到了布朗，就向他提出這個問題。布朗看了看他，說道：「鮑勃，你們應當變戲法 —— 把真空泵送到太空的真空中去好嗎？」他的意思是可以靠太空的真空環境來解決這個問題。

施溫哈默回憶道，那一天他回去之後，對他的工程師們說：「把那該死的真空泵給我搬出去！」施溫哈默後來說，事情正如布朗的直覺，這個決定是正確的。

甘迺迪太空中心是美國的試驗發射中心，一旦美國決定執行一項太空計劃，放置大型導彈和火箭的巨人般鋼塔、發射臺和控制中心，還有複雜的電子通信設備，都將投資達幾十億美元。

在早期，這樣那樣的爆炸、不幸和失敗時常發生，專家

和公眾都認為這是正常現象。可是，隨著現代火箭技術的進步，每當火箭在發射階段發生爆炸，布朗就變得越來越不能容忍。布朗時刻夢想著，能有那麼一天，太空火箭會變得和飛機一樣可靠。

「紅石」火箭、「邱比特」導彈和「土星號」火箭的一家主要承包商是克萊斯勒公司。

該公司太空分公司董事長勞裡有一次回憶起共同取得的成就時說道：「『土星號』火箭的質量很好，我認為首先應歸功於布朗。布朗博士在接收我們的第一枚運載火箭時說，『火箭的質量和可靠性不是透過檢查得到的，必須依靠製造過程中的一絲不苟，要以一種宗教虔誠來工作。』我相信，布朗和他的同事所持的這種態度，跟我們的太空計劃取得偉大成就有直接的關係，和實現未來的太空計劃也將大有關係。」

按照布朗的看法，機械故障、設備事故和設計不當都可以「透過操作排除」，但是因為人的驕傲自滿和管理上的馬虎而造成的失誤，就必須用完全不同的辦法來糾正，如果這種失誤導致災難或事故，情況令人痛心和沮喪。1967 年 1 月 27 日，布朗和千百萬的美國人就有過痛苦的經歷。

那天晚上，華盛頓的街道上車水馬龍，轎車緩慢挪動著，紛紛會聚到通往白宮的車道上。在白宮裡，約翰遜總統

正在設宴招待蘇聯駐美國大使阿納托利·多勃雷寧。經過了
10 年狂熱的太空競賽，耗費了幾十億美元和盧布，兩國終於
達成協議，簽訂了「和平利用太空」條約。

　　出席簽字儀式的有蘇聯高級官員，一些著名的美國政治
家、國務院的代表和參眾兩院太空委員會的成員。美國的美
國國家航空暨太空總署派來了一個由新任局長詹姆斯·韋伯
親自率領的，由各研究中心主任和高級科學家組成的代表
團，引人矚目。

　　此時，這些官員正在宴席上享用只有白宮才能搞得到的
山珍海味，還有上好的威士忌酒、進口伏特加和魚子醬。總
統顯得十分自信，因為條約已經簽訂，這對於約翰遜和他的
政府來說無疑是政治上的勝利。

　　大約 19 時，一名白宮助手擠過人群，找到美國國家航空
暨太空總署局長詹姆斯·韋伯，告訴他有緊急電話。韋伯向
旁邊的貴賓說了聲「請原諒」，就離開宴會大廳。

　　他拿起話筒，聽到該局公眾事務副主任朱利安·希爾的
聲音。希爾語氣沉重向韋伯報告，甘迺迪太空中心出了事
故。34 號發射臺上在模擬飛行試驗時，注滿純氧的座艙發生
了大火和爆炸，3 名美國太空人當場遇難。

　　詹姆斯·韋伯面容嚴峻，回到招待會上，將此次災難告
知了總統，隨之宣布宴會結束。在這樣的時刻揭露這種可怕

的消息，再沒有比這更煞風景的了。

美國國家航空暨太空總署立即行動起來了，韋伯把他的高級人員召集到馬里蘭大街 400 號的局總部裡來。美國國家航空暨太空總署的官員們，對於已經成為他們的朋友的太空人之死，感到非常震驚和悲痛，在他們感到遭受損失的同時，出於職業的角度，有些人也在擔心，整個太空計劃會不會因此而停頓。

吉爾魯思博士立即下令，在甘迺迪太空中心和休士頓封鎖消息。塞繆爾‧菲利普斯少將是最近任命的負責阿波羅登月計劃的華盛頓官員，他要求把這次試驗的一切設備、裝置和記錄凍結封存起來，然後坐上專機匆匆趕到甘迺迪太空中心去，親自掌管 34 號發射臺。

與此同時，韋伯和他的其他高級人員商量，準備指定專家小組領導調查委員會。他們在馬里蘭大街工作到深夜。他們知道，第二天早晨國會和報紙就會沸沸揚揚，質疑和責難聲就會鋪天蓋地湧來，實際上，美國國家航空暨太空總署的高級官員還在總部開會的時候，國會太空委員會的成員們就已經在透過電話協商，準備在報紙上發表聲明了。

韋伯指出了這一悲劇事件對整個太空計劃意味著什麼。「我們歷來清楚，遲早會發生這樣的事情，」韋伯說道，「但是不能讓這樣的事故阻礙計劃的進行，我們的太空計劃還要

英年早逝

繼續下去。首先，我們要停下來找出事故的原因，但是我們將繼續前進。雖然每個人都意識到，總有一天太空人可能遇難，但是有誰料到第一次悲劇竟然會發生在地面上呢？」

布朗說：「古斯·葛里森、愛德華·懷特和羅杰·查菲之死，使我們與阿波羅計劃有關的全體人員失去了3位好朋友，3名太空探測的勇敢先驅者。他們的死使我們想起了格言『歷經艱險，終成大業』，這3名太空人之死更迫使我們勇往直前，以證明他們不會是白死的。因為他們自己曾說過，征服宇宙是值得冒生命危險的，所以我們可以想像，他們一定也期望我們敢於冒生命之險把這一事業繼續下去。」

電臺和電視臺實況轉播出殯儀式，千百萬美國人在收聽收看，一派肅穆，就像再次看到了甘迺迪總統的葬禮，寒氣逼人的空氣中，迴響著馬蹄的「嘚嘚」聲，運載過甘迺迪遺體的那一輛砲兵彈藥車的輪子「吱嘎」作響。吹過安息號以後，棺材上的國旗被小心折疊起來，交給死者的遺孀。

消息開始透露，說是災難發生之前曾經出現過先兆，這些先兆顯然被忽略了，或者完全置之腦後了，有幾個記者仔細闡述了阿波羅系統的致命缺陷。

布朗沒有直接參與研製阿波羅的各種密封艙，他的任務是製造「土星號」火箭助推器，把月球飛船送上天。

美國國家航空暨太空總署和美國國會經過長時間的徹底

調查以後，最後得出結論：太空器除了設計上的一些問題外，還存在著人員粗心大意以及某些方面管理不善的問題。

34 號發射臺發生事故以後，布朗進一步確保在他的責任範圍內不發生類似事件，他和馬歇爾太空中心的高階成員開了好幾次會，並且讓他的工業界承包商也知道，在工程方面不做出最大努力，在工藝上，特別是在質量控制方面沒有達到最好水準，他都是不能容忍的。

實際上，這是他與「土星號」火箭承包商打交道的一貫方式，他現在所做的只不過是重新強調而已，阿波羅事故發生幾個月後，國會議員威席·瑞安曾經透露，布朗在 1967 年 2 月 15 日曾寫信給北美洛克達因分公司，指責這一家公司的某些做法，「如果這種情況繼續下去，將會引起嚴重事件」。

美國國家航空暨太空總署局長韋伯 1967 年 9 月 14 日在給瑞安的信中寫道：「經過試驗和清洗之後，發現引擎裡有異物微粒，布朗博士馬上採取有力措施，指導有關的承包商改正這些不足之處。」

《華盛頓郵報》的文章說：「布朗的信談到 H-1 引擎，這是為土星 1-B 火箭提供動力的。明年在月球飛行之前，準備用這種火箭把 3 名太空人送入地球軌道，進行飛行演習，信中還談到 J-2 引擎，這種引擎是土星 1-B 和巨大的『土星 5 號』月球火箭所通用的，引擎由洛克達因公司製造，火箭各

級本身則歸克萊斯勒公司製造。」

　　現在回顧，土星火箭計劃的成功實在令人驚嘆，許多科學家說，它的影響無法估量。從工程學的角度看，它可以和生產出原子彈的曼哈頓計劃相媲美，而整個阿波羅計劃的規模還更大，是人類最令人敬畏的事業。

　　所有的「土星號」火箭飛行都取得成功，一切飛行任務都勝利完成，太空人一個也沒有死，也沒有在太空發生孤立無援的情況，這些都是和布朗的能力分不開的，實際上可能有人會問，他對工業界和馬歇爾中心的工程師們那麼嚴厲，要求那麼嚴格，他們可能不怎麼感謝他吧？

　　美國國家航空暨太空總署設在雷德斯通的科學部代助理主任喬治·布克在給布朗的一封信中，回憶起 1956 年 4 月他剛參加布朗團隊時，被布朗開會討論技術問題和作決定的方式吸引住了：「有時我心裡想，『天啊，這會得開到什麼時候才結束呀！每個人都覺得他必須發言，為什麼布朗博士不採取強硬立場，中止討論，作出他自己的決定呢？』」

　　「當時我幾乎沒有意識到，你是有意在用獨特而又巧妙的方法主持會議，讓每個人都有機會發言以後，你才把大家的意見綜合起來，使每個人都感到自己對你所規定的目標和提出的行動綱要出過主意，因而必須承擔義務。」

　　「然後他又轉向那些在討論中持不同意見的人，問道：

『這個意見你聽了怎麼樣？』他們總是這樣回答的：『我將盡力支持。』會議結束時，每個人都知道要做什麼，而且對將要作出貢獻的每個實驗室的實力和弱點、有利條件和不利條件都瞭如指掌。」

在布朗的計劃和工程中，彼此密切配合的概念佔有重要地位，熟悉他的人都知道，幾乎在有關火箭或太空技術發展的每一次討論中，他都會使用「集體」或「協作」這樣的字眼，幾乎在他的每次講話中，特別是在他接受獎品和發表的演說中，他總是把功勞歸於集體。

「探險者1號」發射10週年的時候，紀念委員會主席邀請他在華盛頓全國報業俱樂部的午宴上講話。他說，只有把詹姆斯·范艾倫博士和威廉·皮克林博士也請來，平等分享這種榮譽，他才肯接受邀請。因為，皮克林是曾經製造出「探險者號」衛星的噴氣推進實驗室主任，范艾倫博士製造的測試儀器組件，在試驗中發現了圍繞地球的「范艾倫輻射帶」。

布朗認為，今天火箭技術已經擴大到燃料化學和高頻無線電、應力分析和超音速空氣動力學、材料研究和陀螺儀、純數學和工廠管理等技術領域，一個人的力量是不可能完成這麼多工作的，就像打棒球一樣，固然需要優秀隊員，但是這些隊員之間互相配合的好壞才決定他們是勁旅還是弱隊。

「靠管理部門的命令，人為拼湊起來的研製機構，在高級導彈系統的競賽中，是沒有成功的希望，這種任務只能由一個和諧穩定的工作團隊來完成。」在 1950 年代，當許多人提出馬上消滅「火箭差距」時，布朗就曾經對五角大樓的高官們這樣說過。

在一個優秀的團隊裡，有歸屬感、自豪感、集體榮譽感，大家的行動就會自動自發，一個優秀的團隊應該像一棵樹或一株花一樣，慢慢成長，要使一個優秀的集體成長開花，管理部門所能提供的只是健康的工作環境，管理部門就像園丁一樣，要讓花得到合適的土壤、陽光、水分和肥料，其他的任務大自然自會完成。

建立團隊是一個緩慢的過程，如果操之過急，會出問題，就像施肥過多，花會枯死，不提供足夠的時間，讓新成員互相了解，會嚴重的損害集體的成長。不管是科學家、工程師還是機械師，都必須學會正確評價同事的才能和造詣，在導彈研製和宇宙飛行方面，因為根本說不清哪一個專業更重要，所以這一點意義尤其重大。

一批科學家和工程師一旦學會像整體一樣共事，他們就會嘲笑誰重要誰不重要的辯論，因為他們知道們是互相依賴的。

布朗還說，「我認為，下列因素是最基本的，也是一個

成功的導彈研究團隊所必不可少的：委派權力是必要的，導彈牽涉的面向很多，需要來自各種不同科學領域的專家。在導彈計劃中，被委以領導重任的人應該謙虛，知道必須依靠集體的力量，用蠻橫的方式管理導彈計劃，要取得成功是不可能的。」

「有效而且不斷的上情下達和下情上達也同樣重要。負責的領導人同樣應該謙虛，要承認更多的好主意往往來自技術團隊的具體工作人員，而不是來自管理部門。管理部門幾乎總是忙於計劃、預算，處理人事、合約等問題，因此，如果一個大型研製機構的具體工作人員想出來的好主意，無法讓高級管理部門知道，那麼這個團隊就會退步。」

布朗回顧了早期一枚「紅石」導彈在飛行途中出問題的情況，遙測記錄顯示，出事之前飛行情況一切正常，根據遙測記錄還可以確定問題可能出在什麼地方，可懷疑出問題的地方恰恰是在實驗室中經過許多次試驗仔細檢查過的，因此一切解釋聽起來矯揉造作。

提出了好幾種理論，大家認為其中一種可能性最大，於是根據這種理論提出了補救辦法。就在這個時候，發射組的一位技術員打電話給布朗，說要見他。他來到布朗的辦公室，告訴他，在發射前的準備工作中，他曾經把某一個接頭擰緊，以確保良好的接觸。

　　他這樣做的時候，用一把螺絲刀碰到了一個接點，並引出火花來，因為這件小事過後，整個系統檢驗情況良好，所以他也就沒有去注意它，但是現在大家都在議論故障可能就出在那一臺設備上，他想把情況告訴布朗，供他參考。

　　布朗很快帶著大家研究，發現問題確實就出在那裡，不用說，基於錯誤的判斷而提出的「補救辦法」撤銷了，一切保持原樣不變。

　　布朗送給那位技術員一瓶香檳酒，因為他要讓每個人都知道，誠實不吃虧，即使有把自己牽連進去的危險也不要緊。「像火箭研製這樣艱難任務，絕對的誠實是不可缺少的。」他說。

　　任何人不可以，也不應該免除在他特定範圍內的個人責任。況且集體成員往往對這種責任樂意承擔。但是，在像火箭計劃這樣耗資數百億美元，風險很大的工程中，一個人應該可以確信：如果他盡了最大努力，但還是發生問題，那麼管理部門應給他支持。

　　最後一點，按照布朗的說法是，「在一個有生氣的集體中，每個人都應該有公平的晉升機會，沒有這種機會，這個集體就會停滯不前，一事無成。」

　　保持晉升機會的唯一辦法是不斷吸收年輕人。這種吸收新鮮血液的做法，可以使團隊能經得起關鍵性人員的損失，

這種損失不僅是由於年老和死亡，而且在自由經濟中也是不可避免的，可是招新人不應當和人員大接班混為一談，前者是一個好的團隊標誌，而人員大換班則表示出了問題。

對布朗最為感謝的是那些太空人，布朗在他家的私人圖書室裡有一本皮封面的書，這本書是頭3個登上月球的人寫的，上面的題字是：

獻給華納：
是您的主張和預言、您的宣傳和研究、您的扶持和促使，使我們捷足先登月球。
尼爾·阿姆斯壯
伯茲·艾德林
麥可·柯林斯

對外太空的猜想

布朗說：「在航空史上，我們看到萊特兄弟的飛機，迅速發展成為50年代的螺旋槳飛機，在商業上取得成功。但是，後來噴氣引擎取而代之，在幾年之中，速度、有效載重量、經濟和舒適等都提升到了新的水準。隨著太空技術的發展，也會出現同樣的情況，這並不是幻想。」

布朗指出，與1958年發射第一顆「探險者」衛星時相比，今天把一定的有效載荷送入軌道，開支要少得多。當

英年早逝

時，把 500 克重的東西送入軌道得花 50 萬美元，10 年以後，「土星 5 號」只要花 500 美元，僅為初期的 0.1%。

　　布朗說：「復用太空飛機可能使價格進一步降低到 60 美元，採用安全的核火箭動力，我們的確能做到經濟上划算，同樣的重量，核反應比化學反應釋放出的能量多幾百萬倍，只要我們有火箭裝置，一枚『土星 5 號』的 3 千噸推進劑就可以用一兩公斤核燃料代替。」

　　「在某種意義上的確存在著對太空的巨大興趣和宇宙觀，由於舊信念的消亡，人們渴望有一種宇宙哲學，了解我們究竟是誰，是怎樣到地球上來的，便是這方面的明證。我相信對於這些基本問題的新興趣，是我們的太空成就引起的特別是人登上月球和對鄰近行星的探測引起的。」

　　「大家對宇宙最感興趣的可能是宇宙論和搜尋外星生物。卡爾·薩根在他的《宇宙聯繫》一書中寫道，這些課題撥動了人類的共鳴弦。我完全同意他的看法，搜尋外星生物，可以成為大家支持太陽系外的太空實驗的關鍵。」

　　「英國焦德雷爾班克射電天文臺臺長伯納德·洛弗爾爵士指出，在銀河之中可能大約有 10 億個有行星系的恆星，在整個宇宙中則應當有幾萬億個。伯納德爵士說，可以排除大量的恆星成為生物住所的可能性，因為它們可能不具備像我們地球上的溫度和環境的穩定條件。但是，宇宙還有圍繞著這

254

些恆星運轉的大量行星，可能具備和我們類似的環境條件，即使如此，地球上生命的起源又怎麼解釋呢？從生物學的意義上說它是獨一無二的嗎？」

「你認為我們能有效與太陽系以外的其他文明世界通信嗎？」布朗的一個朋友問他。

「你得知道，行星之間距離是如此之遠，一個訊息要到達另一個有居民的行星，可能需要幾百年、幾千年，甚至幾萬年，很難進行及時的通信。比如能確定有這樣一個行星，並搞清楚他們的語言後，你可以發出一個電訊，說：『地球向你問候，你好！』幾千年之後，回音來了：『很好，謝謝。你好！』」

「如果我們的後代有一天能掌握光子推進技術，他們就能夠以接近於光的速度飛行，那麼設想有一天能實現載人的星際飛行，就似乎不是不可能的了，但是不要忘記我們討論過的時間相對效應！這種冒險飛行的太空人，就他們自身而言，可能一去幾十年，而在同一時間內，地球上可能已過了上千年。」

「你相信我們地球上的人會在太陽系內部擴張，也許會把一些行星開拓為殖民地嗎？」朋友繼續問他。

「我相信，」布朗加重語氣回答道，「征服太空才剛剛開始，但是它已經使我們的生活發生了極其重要的變化。在今

後的年代裡，這些變化會對我們的社會結構、政治生活和經濟產生重大的影響。但是，太空科學目前還處在嬰兒期，今天它所處的地位和飛機在基蒂霍克第一次成功飛行的地位一樣，當時如果有人告訴萊特兄弟，我們將會有一種能在兩頓飯的時間內穿過整個國家的運輸系統，他們將會大笑。」

「50 年後，宇宙時代的奇蹟將會展現在人類的眼前。那時，也許好幾個國家考察隊已經到金星和火星上去了，載人的探索性航行將會伸展到木星、土星以及它們的天然衛星。」

「到月球去的航行將成為家常便飯。同現在正在南極洲進行的探索工作沒有什麼兩樣，將來也會有一些國家在月球上設立半永久性的研究站，進行大量的勘探、測量、隧道開鑿，甚至有規模進行稀有礦石和礦物的開採活動。」

「在月球上適當的地點，將修建起永久性的、舒適的供居住用的建築物，它們將吸引更多的科學家和探險家來充實月球實驗室和天文臺，這些地方設備齊全、密封、裝有空氣調節器，有些地方可能有天文觀測窗，可以觀察月球上的壯麗景色。」

「現在地球已經被許多人造衛星所包圍，所有這些衛星都成了太陽系的正式成員。將來還會出現更多的衛星，有載人的，有不載人的，大小、用途、國別、軌道高度、軌道傾角各異，有些衛星將取代郵差的工作，附帶說一句，這種衛星是

最賺錢的。」

「這種衛星保持在地球定常軌道上，像是固定在旋轉著的地球的赤道某一點上空，能接收電報並播放給另一地點。快速編碼技術，結合寬頻帶寬度和地面站網，就能為家家戶戶提供傳真郵件快速輸送系統，做到一切通信絕對保密，只要有這樣的通訊衛星，就能處理全部私人和官方的通信郵件，不僅包括美國國內的通信，而且任何地點之間的聯絡，所有電報從發到收都不會超過一小時。」

「現在，甚至連擬訂開拓火星和金星殖民地的詳盡工程計劃，都還沒有足夠的資料。確實可能存在重大障礙，以致使整個計劃成為不可能，或是使計劃失去吸引力。另外，在其他星球建造人造居住點，不是工程上可不可能的問題，而是成本問題。只要地球上還留有人類可以居住的地方，人們就會拿在沙漠、叢林、兩極地區，甚至在海底建造住宅的成本與其進行比較。但是我毫不懷疑，人絕不會把自己侷限在我們小小星球的範圍之中。」

「人已把活動範圍擴大到整個地球，自然也將把活動範圍擴大到其他行星，人總是不斷努力獲取一切可能的知識，人類不會在最使人感興趣的自然之謎面前停滯不前，尤其是在太空技術提供了解開這些謎時停滯不前，太空探測和太空住所問題可能帶有更大的困難和冒險性，這將對最強大的國家

和最優秀的民族提出強而有力的挑戰！」

「18 世紀的科學家要預見 19 世紀電機工程的產生，需要有非凡的遠見卓識。19 世紀的科學家要預見 20 世紀的核動力工廠，也需要有同樣的靈感觸發。無疑地，21 世紀也會有同樣令人驚訝不已的事物，而且還會更多。」

「21 世紀將是在外層太空進行科學活動和商業活動的世紀，是載人星際飛行和開始在母星地球之外建立永久性人類立足點的世紀。」布朗肯定地說。

最後的時光

1975 年 8 月下旬，瑪麗亞和布朗到安大略省去渡假。「黎明時分的清新宜人，密林深處的芬芳沁人，使我變得年輕，」他說，「我又一次體會了富有加拿大恬靜風味的荒野和不受汙染的禁獵區。」

一天早晨，他發現自己有輕微的便血症狀，起初他並沒太在意。幾個星期後，便血的情況又出現了，且比前次嚴重得多。

回到華盛頓，他立即前往約翰斯‧霍普金斯醫院，專家們確定是大腸惡性腫瘤，必須立即手術。

他被嚴格隔離起來，但是他生病的消息很快傳遍了全世界。報紙、電視等新聞媒體對他給予高度關注，祝願如雪片

般飛向他的辦公室。

他住進約翰斯‧霍普金斯醫院，然而在起初看似成功的手術之後，他持續高燒，產生了一系列併發症。由於暫時不能進食，只靠靜脈點滴，一個月後，他的體重減少了9,000克。

直至9月29日布朗才出院，醫生嚴格叮囑他不能緊張，而閒不住的他利用住院和在家恢復的4個星期讀了10多本書。

雖然身體不再健康，但他意志仍然堅強。布朗在11月初又回到馬里蘭州費爾柴德公司辦公室的書桌旁。不久後，他繼續參與剛建立不久的全國太空協會的工作。

布朗知道自己的病很重，但他說，也許他是世界上少見的真正感到心滿意足的人之一。「有幸幾乎終生擔負重任，以幫助實現自己童年時代幻想的人，你還能舉出很多來嗎？如果我明天就死去，我回顧自己的一生是充實的，激動人心的，得到了很多回報，那一個人還有什麼可求呢？」

1977年初，即將卸任的福特總統授予布朗國家科學獎章，並由費爾柴德公司主席愛德華‧烏爾親自帶至醫院頒發給布朗。

布朗因腸癌於1977年6月16日病逝於亞歷山德里亞市，終年65歲。

英年早逝

　　新上任的卡特總統說：「對眾多的美國人而言，華納‧馮‧布朗代表著太空探索及技術的開創性應用……不只美國人民，世界上的人類都因他的努力而受益。」

　　布朗在馬歇爾太空中心的接班人威廉‧盧卡斯博士在亨茨維爾的布朗市中心奉獻儀式上介紹布朗時說：「布朗博士對世界的主要貢獻之一是，在太空探索變為現實之前他就對此堅信不疑。他專心致志，夢寐以求，百折不撓，終於以他的天才和不屈不撓的努力使它變成了現實。」

　　「美國的太空計劃與布朗的名字比與任何其他人的名字都更緊密聯繫在一起，並已經產生了許多實際效益，它提高了生活的品質；它振奮了美國的精神和全世界的類似精神；它提高了人對宇宙的估量；它開闊了人的眼界；它刺激了經濟；它繼續推動著科學和技術的發展……」

附錄

我們的「嬰兒」交給妥當的人，這是我們對人類應
盡的責任。

——馮・布朗

經典故事

小布朗的實驗

　　小布朗的父親對天文和火箭科技非常感興趣，經常閱讀這領域的書籍，並經常和朋友談論這方面的話題。小布朗耳濡目染，也對火箭等飛行器發生了濃厚興趣，並經常思索其中奧妙。

　　有一天，小布朗認真問他媽媽：「家裡的鴨子也長著翅膀，為什麼不會飛呢？」

　　小布朗媽媽告訴他說：「透過人們的長期馴養，鴨子飛翔的功能就退化了。如果它能飛的話就會飛走了，就成野鴨子了。」

　　「鴨子不是還長著翅膀嗎？難道是因為它的翅膀變小了嗎？」小布朗若有所思地問道。

　　「我也不清楚，你的問題太多了，孩子，你自己去研究吧！」小布朗的媽媽說。

　　小布朗果然去池塘邊開始仔細觀察鴨子的一舉一動。他發現，鴨子有時也試圖飛翔，撲棱著翅膀想飛離地面，但瞬間就落在地面上了，鴨子短硬的翅膀不堪重負，很難承載它那圓滾滾的身軀飛上天空。

　　「那麼，野鴨子又是什麼情況呢？」小布朗自問到。他便

到離家更遠的河邊觀察野鴨子是如何飛翔的，他看到野鴨子落地和起飛都非常敏捷，只是在起飛時，它用雙腳在水面上滑行了幾十米。另外，比起家裡的鴨子，野鴨除了軀體小巧以外，翅膀似乎也比家裡鴨子大一倍以上。

小布朗決定做一個實驗，他在家裡捉住一隻鴨子，又找來一些雞鴨羽毛，分別綁在鴨子兩個翅膀上。然後，他把鴨子背到一處陡坡上，找好理想位置，把鴨子使勁拋了出去。只見那隻可憐鴨子驚叫著，在空中拍打了幾下翅膀，便一頭栽入草叢裡了。

在一旁仔細觀察整個過程的小布朗發現，他幫鴨子做的假翅膀雖然可以阻止鴨子降落，但因為鴨子缺乏原動力，也就是它的本來翅膀不能滿足飛翔的需要，而它又無法控制和支配假翅膀，所以從空中掉下來了。

透過這項實驗，小布朗得出一個結論，無論是飛禽還是人造飛行物，沒有足夠的原動力就無法達到飛行目的，就是這些不起眼兒的小實驗，為布朗以後的科學研究累積了豐富經驗。

布朗的太空夢

布朗在瑞士蘇黎世高等技術學校讀書時，參加了著名科學家奧伯特創辦的德國空間旅行學會。那時，人類才剛剛乘

附錄

飛機上了藍天，而進一步探索太空的願望就更加強烈了。

這個學會的會員經常在一起討論人類利用太空和征服太空的話題。每當這時，布朗就非常興奮，經常成為討論會的主角。

「太空技術只是在軍事上有些用處，整天實驗那些火箭，也就是製造殺人武器罷了，我看改進和發展目前的飛機製造技術就可以了。」有個同學說。

布朗馬上反駁那位同學觀點，他說：「那怎麼可以呢？武器本來就是雙刃劍，它即可以用於戰爭，也可以阻止戰爭啊！」

「是啊！說不定以後人類可以利用太空做科學實驗呢！」有些同學支持布朗的觀點。

「誰知道那是什麼時候的事情呢！」大家議論著。

布朗毫不猶豫說道：「人類征服太空的時代不會遙遠！俄羅斯科學家羅蒙諾索有句名言：『地球是人類的搖籃，但人類不能永遠生活在搖籃裡』，那是多麼深刻的啟示啊！所以，我一刻也沒有放棄征服太空的夢想。」

後來，布朗用他參與發明的宇宙飛船把人類送上了月球，終於實現了他飛上太空的夢想。

年譜

1912 年 3 月 23 日，生於德國維爾西茨（今波蘭維日斯克）。

早年就讀於瑞士蘇黎世技術學校。

1930 年，結識德國火箭專家奧伯特，開始研究火箭。

1932 年，畢業於夏洛滕堡工學院。

1932 年 10 月，受聘於德國陸軍軍械部，從事火箭研究。

1934 年，獲柏林大學物理學博士學位。

1934 年 12 月，研製的 A-2 火箭試射成功。

1937 年，轉到佩內明德研究中心，任技術部主任，領導研製 V-2 火箭。

1945 年，德國投降，布朗到美國陸軍裝備設計研究局工作。

1950 年，轉到「紅石」兵工廠研製彈道導彈。

1956 年，任陸軍彈道導彈局發展處處長。在他的領導下先後研製成功「紅石」、「邱比特」和「潘興」導彈以及「邱比特」-C 火箭。

1958 年 1 月 31 日，用他設計的「邱比特」-C 火箭成功發射了美國第一顆人造地球衛星「探險者號」。

1958 年 10 月，布朗成為新建立的美國國家航空暨太空總署的領導成員。

1960 年，任馬歇爾航天中心主任。

1961 年，任甘迺迪總統的空間事務科學顧問，分管「阿波羅」工程，領導「土星」號運載火箭的研製工作。

1969 年 7 月，用他領導設計的世界上最大的火箭—「土星 5 號」火箭，第一次把人類送上了月球。

1970 年，卸任馬歇爾航天中心主任一職，擔任美國國家航空暨太空總署主管計劃的副局長。

1972 年，辭去副局長職務，擔任費爾柴爾德工業公司的副總經理。

1976 年，因病退休。

1977 年 6 月 16 日，布朗因腸癌在弗吉尼亞州亞歷山德里亞市逝世。

名言

如果上帝不想讓人類探索宇宙，只要把天梯推倒就行了。

基礎研究就是，科學家不知道自己的工作有何用時所做的工作。

人類必定要探索宇宙，儘管只是為了更加珍惜現有的世界。

沒有當初的夢想，就沒有現在的科學成就。

做技術工作就要像瑞士鐘錶一樣準確。

把我們的「嬰兒」交給妥當的人，這是我們對人類應盡的責任。

對一個人發號施令，還不如多了解一下他的想法。

你可以看不到下屬的缺點，但一定要看到他的優點。

在科學研究上，需要絕對的誠實。

賽跑快者奪標，打仗強者得勝。

當一個孩子追求真理時，我們應該幫助他找到真理。

讓學生們弄髒雙手，使他們懂得鏟走一立公尺米的泥土意味著一立方公尺的辛苦、汗水和肌肉痠痛，對他們一輩子都有好處。

一個人是否善於社交並不重要，專心致志的人，或者完全不注意社交的人，往往是在科學上有偉大發現的人。

孩子可以因為教育不良而受到壓抑、挫折，也可以因為受到良好教育而獲得新的發展，並樹立起人生新的目標。

人類的道德應跟上科學發展的步伐，每個科學家應多關注自己的科學研究帶來的影響；如果世界的道德標準不能隨著技術革命而進步，世界就會出現大亂。

電子書購買

國家圖書館出版品預行編目資料

征月軍師馮‧布朗：憧憬太空，製作火箭是終身
志業，從發射美國第一顆衛星到登月計畫的幕
後推手 / 陳劭芝, 李建學 編著 . -- 第一版 . --
臺北市：崧燁文化事業有限公司 , 2022.10
　　面；　公分
POD 版
ISBN 978-626-332-783-2(平裝)
1.CST: 馮 布 朗 (Von Braun, Wernher, 1912-
1977) 2.CST: 科學家 3.CST: 火箭 4.CST: 傳記
784.38　　111015154

征月軍師馮‧布朗：憧憬太空，製作火箭是終身志業，從發射美國第一顆衛星到登月計畫的幕後推手

臉書

編　　　著：陳劭芝，李建學
發 行 人：黃振庭
出 版 者：崧燁文化事業有限公司
發 行 者：崧燁文化事業有限公司
E - m a i l：sonbookservice@gmail.com
粉 絲 頁：https://www.facebook.com/sonbookss/
網　　　址：https://sonbook.net/
地　　　址：台北市中正區重慶南路一段六十一號八樓 815 室
Rm. 815, 8F., No.61, Sec. 1, Chongqing S. Rd., Zhongzheng Dist., Taipei City 100,
Taiwan
電　　　話：(02) 2370-3310　　　傳　　真：(02) 2388-1990
印　　　刷：京峯彩色印刷有限公司（京峰數位）
律師顧問：廣華律師事務所 張珮琦律師